W0067805

Im Knaur Taschenbuch Verlag sind bereits
folgende Bücher des Autors erschienen:
Die große Witzparade
Hammerwitze
Wahnsinnswitze
Ein Witz für alle Fälle
300 Witze aus dem Büro-Alltag
300 Witze über die schönste Haarfarbe der Welt
300 Witze über Ossis

Dieter F. Wackel

1000 Witze zum Schlapplachen

Knaur Taschenbuch Verlag

Besuchen Sie uns im Internet:
www.knaur.de

Originalausgabe April 2011
Copyright © 2011 by Knaur Taschenbuch.
Ein Unternehmen der Droemerschen Verlagsanstalt
Th. Knaur Nachf. GmbH & Co. KG, München
Alle Rechte vorbehalten. Das Werk darf – auch teilweise –
nur mit Genehmigung des Verlags wiedergegeben werden.
Umschlaggestaltung: ZERO Werbeagentur, München
Umschlagillustration: Susanne Kracht
Satz: Adobe InDesign im Verlag
Druck und Bindung: CPI books GmbH, Leck
Printed in Germany
ISBN 978-3-426-50767-4

Inhalt

Halbgötter in Weiß

»Was ist Ihr Mann von Beruf?«, fragt der Arzt seine junge Patientin.
»Bauarbeiter«, antwortet diese.
»Na dann sagen Sie Ihrem Mann einen schönen Gruß, er hat bei Ihnen den Grundstein für ein Kinderzimmer gelegt!«

»Herr Doktor«, fragt der Patient, »ist diese OP wirklich nötig? Ich habe zu Hause drei Kinder zu ernähren!«
»Tja, mein Lieber, ich auch!«

Fragt der Arzt den Patienten mit dem starken Husten:
»Rauchen Sie etwa?«
»Nein, noch nie!«
»Schade, sonst hätte ich es Ihnen verbieten können!«

»Ich habe Sie so gern, ich möchte nie mehr gesund werden«, sagt der Patient zur hübschen Krankenschwester.
»Keine Angst, mein Mann hat gesehen, wie Sie mich gestern geküsst haben.«
»Na und?«, wundert sich der Patient.
»Er ist der Chirurg, der Sie morgen operieren wird!«

»Gegen Ihre Korpulenz, gnädige Frau«, sagt der Arzt, »hilft nur viel Bewegung.«
»Ja, ja, Sie meinen Kniebeugen und so, Herr Doktor?«
»Nein. Kopfschütteln, immer wenn Ihnen etwas zu essen angeboten wird.«

»Herr Doktor, Sie müssen mir helfen. Mein Schwiegervater wird langsam senil. Er sitzt den ganzen Tag in der Badewanne und spielt mit einem Quietscheentchen.«
»Aber lassen Sie doch dem alten Mann dieses harmlose Vergnügen.«
»Nein, verdammt noch mal! Es ist *mein* Quietscheentchen!«

Der Arzt vorwurfsvoll: »Konnten Sie denn nicht früher kommen? Meine Sprechstunde ist schon beendet!«
Der Patient darauf: »Tut mir leid, aber der blöde Köter hat mich nicht früher gebissen!«

Im menschlichen Körper treffen sich zwei Bazillen. Sagt der eine: »Komm, wir gehen in die Leber einen trinken!«
Sagt der andere: »Nein, ich warte auf einen Furz, ich möchte noch ausgehen!«

Die hübsche Lisa kommt zum Arzt, zieht sich wie gewohnt aus und legt sich nackt auf die Liege. Der Mann in Weiß steht daneben und grinst.

»Herr Doktor, nun fangen Sie schon an, mich zu untersuchen!«, meint sie schließlich genervt.

»Da müssen Sie schon warten, bis der Arzt kommt, ich bin nur der Maler!«

»Herr Müller, was macht eigentlich Ihr altes Leiden?«

»Keine Ahnung, Herr Doktor, wir sind seit einem halben Jahr geschieden!«

»Das Ergebnis ist eindeutig«, sagt der Arzt nach der Untersuchung zum wohlbeleibten Herrn Schmidt. »Ihrem Gesundheitszustand nach müssen Sie eines aufgeben: die Frauen oder den Wein. Was werden Sie tun?«

»Ach, wissen Sie, Herr Doktor, das möchte ich doch lieber von Fall zu Fall entscheiden – dem Jahrgang nach.«

»Sie brauchen den Mund nicht so weit aufzumachen«, sagt der Zahnarzt zu seinem verängstigten Patienten.

»Aber wollen Sie denn nicht bohren?«

»Doch schon ... Aber ich bleibe draußen!«

Die Sprechstundenhilfe kommt ins überfüllte Wartezimmer: »Wo ist denn der Herr, der einen Verband wollte?« Darauf ein anderer Patient: »Der ist wieder gegangen, die Wunde war inzwischen verheilt!«

Der kleine Max liegt mit Grippe im Bett. Der Arzt untersucht ihn. Fragt Max: »Bitte, Herr Doktor, ich kann die Wahrheit vertragen, wann muss ich wieder zur Schule?«

Fragt der Psychiater seinen langjährigen, schizophrenen Patienten: »Na, wie heißen Sie denn heute?«
»Karl Lagerfeld!«
»Komisch, gestern hießen Sie doch noch Marilyn Monroe?!«
»Ja, das war mein Mädchenname!«

»Na, mein Schatz, was hat dir denn der Arzt verordnet?«, fragt die Ehefrau ihren Mann.
»Höhenluft und viel Bewegung, Liebling.«
»Na, das ist ja wunderbar! Dann kannst du am Wochenende ja endlich den Dachboden aufräumen!«

»Ich bringe Ihnen gleich die Bettpfanne«, meint die Krankenschwester fürsorglich.

Darauf die Patientin zornig: »Was, muss man sich sein Essen hier auch noch selber kochen?«

»Sie scheinen eine Schwäche zu haben, mein Lieber«, meint der Arzt nach der Untersuchung, »nämlich das Trinken!«

Darauf der Patient leicht lallend: »Im Gegenteil, Herr Doktor, dassis' meine Stärke!!!«

Kommt Herr Meier zum Arzt und sagt: »Herr Doktor, Sie haben mir doch dieses Stärkungsmittel verschrieben.«

»Was ist denn damit?«

»Ich bekomme die Flasche nicht auf!«

Im Sprechzimmer kramt Herr Braune nervös in seinen Taschen.

»Sie brauchen mich doch nicht im Voraus zu bezahlen!«, sagt der Zahnarzt.

»Das will ich auch nicht!«, entgegnet Herr Braune. »Ich zähle nur mein Geld, bevor Sie mich betäuben!«

Heidi Klum kommt zur Untersuchung zum Arzt. Sagt der Arzt: »Wenn Sie sich dann einmal bitte frei machen würden.«
Heidi zieht sich aus und steht schließlich nackt vor dem Arzt. Da meint er zufrieden: »So, das war mein Problem, welches ist Ihres?«

»Die weitverbreitetste Augenkrankheit, die uns leider keinen einzigen Pfennig einbringt«, meint der Augenarzt zu seinen Kollegen beim Feierabendbier, »ist die Liebe auf den ersten Blick.«

»Wie alt sind Sie eigentlich, Frau von Falkenstein?«, fragt der Schönheitschirurg seine neue Patientin.
»Ich gehe auf die Vierzig zu.«
»Aus welcher Richtung?«

Der Arzt zu seinem Privatpatienten: »So, nun wollen wir mal die Reflexe testen. Bitte sehr, die Rechnung!«

In der Apotheke: »Sind die Fieberzäpfchen schon wieder teurer geworden?«

»Aber nein, Frau Schmidt, Sie bekommen sie noch zum Einführungspreis!«

Unterhalten sich zwei Ärzte. Erzählt der eine: »Heute haben wir einen bekommen, der hat alles: Syphilis, Herpes, Krebs, Cholera, Hepatitis. Kaum zu glauben!«

Der andere darauf: »Das ist ja schrecklich. Was gebt ihr dem denn?«

»In der Früh bekommt er einen Toast, zu Mittag eine Pizza und am Abend ein Omelette!«

»Und das soll helfen?«

»Nein, aber das geht unter der Tür durch!«

Kommt ein Mann in die Apotheke: »Guten Tag, ich hätte gerne eine Dose Hodenfarbe.«

»Wie bitte?«

»Eine Dose Hodenfarbe!«

»Guter Mann, da muss ein Irrtum vorliegen. Das gibt es nicht.«

»Aber mein Arzt hat mich untersucht und gesagt: Herr Meier, Sie haben zu viel Cholesterin im Blut, da müssen wir die Eier ab sofort streichen …«

Ein verzweifelter Patient zu seinem Arzt: »Ich leide unter Schlaflosigkeit!«

»Aha. Hier, ich verschreibe Ihnen ein gutes Potenzmittel.«

»DAVON soll ich einschlafen?!«

»Nein. Aber so macht das Wachbleiben wenigstens Spaß …«

Frau Schubert aufgeregt zum Hautarzt: »Sehen Sie sich bitte mal diese widerlichen Pusteln auf meinem ganzen Körper an!«

Der Hautarzt: »Das ist nicht so schlimm.«

Darauf Frau Schubert entgeistert: »Das ist nicht schlimm? Was nennen Sie denn dann schlimm?«

Darauf der Arzt: »Schlimm wäre, wenn ich sie hätte!«

Der betagte Herr Müller kommt zum Arzt und hat fürchterliche Schmerzen in seinem linken Bein. Der Arzt untersucht ihn und stellt fest: »Tja, mein Lieber, da kann man nichts machen. Das sind wohl die ersten Altersbeschwerden!«

»So ein Quatsch, Herr Doktor! Mein anderes Bein ist genauso alt, und da zwickt nix!«

Der Zahnarzt: »Mein Gott, haben Sie ein großes Loch im Zahn, großes Loch im Zahn.«
Darauf der Patient: »Das brauchen Sie doch nicht zweimal zu sagen.«
Zahnarzt: »Das war ja auch das Echo.«

»Sie haben aber eine fürchterliche Bronchitis! Waren Sie beim Arzt?«
»Nein, sie ist von ganz allein gekommen!«

Fragt der Urologe: »Brennt's beim Wasserlassen?«
Antwortet der Patient: »Angezündet hab ich's noch nicht!«

Nach Abschluss der komplizierten Behandlung erklärt der Zahnarzt seinem Patienten: »Die Rechnung schicke ich Ihnen erst in ein paar Wochen – es wäre schlecht, wenn Sie mit Ihren neuen Zähnen gleich wieder knirschen!«

Kommt ein Mann in die Apotheke und meint verschüchtert: »Ich hätte gern ein paar Kondome.«
Darauf der Apotheker: »Welche Größe darf's denn sein?«
»Keine Ahnung, ich brauche die Dinger nicht so oft.«

»Das macht nichts. Hier haben Sie ein Brett, darin sind Löcher. Damit können Sie messen, welche Größe Sie haben.«

Der Mann bedankt sich und verschwindet mit dem Brett im Nebenzimmer. Erst nach einer Stunde kommt er selig lächelnd wieder raus. Fragt der Apotheker: »Und, welche Größe brauchen Sie denn?«

Darauf der Kunde begeistert: »Vergessen Sie die Kondome! Wie viel kostet das Brett?«

Mann beim Arzt: »Herr Doktor, wie kann ich 100 Jahre alt werden?«

Darauf sein Arzt: »Rauchen Sie?«

Der gesundheitsbewusste Patient: »Nein!«

»Essen Sie übermäßig?«

»Nein!«

»Gehen Sie spät ins Bett?«

»Nein!«

»Haben Sie Frauengeschichten?«

»Nein!«

Darauf der Arzt schließlich genervt: »Wieso wollen Sie dann überhaupt so alt werden?«

Ein Mann erklärt seinem Arzt, dass er und seine Frau schon seit sieben Monaten keinen Sex mehr hatten. Der Arzt ermutigt den Mann, seine Frau in die Sprechstunde zu schicken. Diese erklärt dem Arzt: »Wissen Sie, das ist so: Seit sieben Monaten fahre ich morgens mit dem Taxi zur Arbeit. Ich hatte kein Geld und der Fahrer fragte mich, ob ich aussteigen würde oder … Ich habe mich für das Oder entschieden. Oft bin ich dann zu spät zur Arbeit gekommen und mein Abteilungsleiter hat mich gefragt, ob er das jetzt eintragen solle oder … Wieder habe ich mich für das Oder entschieden. Auf dem Heimweg dann wollte der Taxifahrer wieder und so kommt es, dass ich nach der Arbeit einfach total übermüdet bin und keine Lust mehr habe, mit meinem Mann zu schlafen.«

Darauf überlegt der Arzt eine Sekunde und sagt: »Soll ich Ihrem Mann das genauso erklären oder …«

»Bitte brüllen Sie wie am Spieß, so laut, wie Sie nur können«, sagt der Zahnarzt zu dem Mann im Behandlungsstuhl.

»Aber wieso?«

»Das Wartezimmer ist brechend voll, und in zehn Minuten gibt es im Fernsehen ein Fußballspiel, das ich unbedingt sehen will!«

Der misstrauische Patient sieht, wie die Ärzte vor der Operation Gummihandschuhe überstreifen.

»Aha, ihr Feiglinge«, meint er grimmig, »ihr wollt wohl keine Fingerabdrücke hinterlassen!«

Der Landarzt Dr. Franke fährt mit 150 Sachen durchs Dorf. Meint Susi, seine hübsche Begleiterin auf dem Beifahrersitz: »Nicht so schnell, Liebling, wenn uns jetzt der Wachtmeister sieht?«

»Keine Angst, mein Schatz, dem habe ich gestern eine Woche Bettruhe verschrieben!«

Der Arzt nach der Untersuchung: »Da sind Sie ja noch rechtzeitig gekommen.«

»Ist es denn so schlimm, Herr Doktor?«

»Das nicht, aber einen Tag später und Sie wären es von selbst losgeworden …!«

Der Psychiater malt einen Kreis und fragt den Patienten: »Woran denken Sie, wenn Sie das sehen?«

»SEX!«

Der Arzt malt einen Baum: »Und woran denken Sie jetzt?«

»SEX!«

Die gleiche Antwort erhält er beim Haus, Pferd und Stuhl. Der Patient denkt immer an Sex. Sagt der Psychiater: »Sie denken ja nur an Sex! Sie sind eindeutig sexsüchtig!«

»Wer, ich? Sexsüchtig? Wer malt denn hier immer diese verdorbenen Bilder?«

»Also, Herr Schneider, leider besteht kein Zweifel mehr, Sie sind vergiftet worden.«

»Aber womit denn, um Himmels willen?«

»Keine Sorge, das werden wir bei der Obduktion feststellen ...«

Krankenschwester Susi schüttelt mit ganzer Kraft den schlafenden Patienten. Fragt ihr Kollege: »Was machen Sie denn da?«

Darauf Schwester Susi genervt: »Na was wohl? Ich muss ihn unbedingt wach kriegen, er hat vergessen, seine Schlaftabletten zu nehmen!«

Ein Mann wird in das Behandlungszimmer des Zahnarztes gerufen. Schlotternd vor Angst klettert er auf den Behandlungsstuhl. Der Zahnarzt beruhigend: »Sie brauchen doch keine Angst zu haben. Es tut bestimmt nicht weh.«

Da knurrt ihn der Patient an: »Lassen Sie Ihre dummen Witze, ich bin selber Zahnarzt!«

Ein Patient erwacht aus der Narkose und erfährt, dass ihm nicht nur der Blinddarm entfernt wurde, sondern auch die Mandeln.

»Aber warum denn das?«, fragt er den Professor. »Mit den Mandeln hatte ich doch nie Probleme.«

»Das mag sein«, erklärt der Halbgott in Weiß, »aber weil meine Studenten so kräftig applaudiert haben, musste ich noch eine Zugabe geben!«

Die äußerst geschwätzige Frau Meier kommt übermüdet zum Arzt: »Herr Doktor, ich komme nachts nicht zur Ruhe, weil mein Mann so viel im Schlaf redet. Was kann ich dagegen tun?«
Darauf der Arzt: »Lassen Sie ihn mal tagsüber zu Wort kommen!«

Der Hausarzt: »Gnädige Frau, Ihr Mann ist sehr krank und braucht viel Ruhe. Ich habe ein Beruhigungsmittel aufgeschrieben. Bitte nehmen Sie alle sechs Stunden zwei Tabletten davon!«

Zwei Freundinnen unter sich: »Mensch Melanie, was regst du dich denn so auf? Du hast doch selbst deine Verlobung mit diesem Arzt gelöst!«
»Schon, aber jetzt hat er mir eine Rechnung über 75 Hausbesuche geschickt!«

»Sagen Sie, habe ich Ihnen nicht Bettruhe verordnet?«, sagt der Arzt zu einem seiner Patienten, den er zufällig auf der Straße trifft. »Und nun rennen Sie hier herum. Wollen Sie sich eine Lungenentzündung holen?«
»Nein«, sagt der Patient. »Nur Bier und Zigaretten.«

»Wenn Sie noch eine Zeitlang leben wollen, müssen Sie aufhören zu rauchen!«
»Dazu ist es jetzt zu spät.«
»Zum Aufhören ist es nie zu spät!«
»Na, dann hat es ja noch Zeit!«

Der junge Chirurg versucht den verängstigten Patienten vor der komplizierten Operation zu beruhigen: »Keine Sorge, ich habe die Operation erst letzte Woche im Fernsehen bei Dr. House gesehen.«

»Sie leiden an chronischer Schlaflosigkeit, Frau Lehmann. Was soll ich denn mit Ihnen machen?«
»Vielleicht hätten Sie einen jungen, attraktiven Patienten, der an derselben Krankheit leidet, Herr Doktor?«

»Noch eine Behandlung, Herr Schneider, dann haben Sie es geschafft«, meint der Arzt zu seinem Patienten.
Erfreut erwidert dieser: »Ach, bin ich dann wieder gesund?«
»Nein, Herr Meier, das noch lange nicht«, lacht der Arzt, »aber dann haben Sie meinen neuen Porsche ganz allein bezahlt!«

Bei einem Boxkampf sitzt ein Mann in der ersten Reihe und feuert wie wild einen der Schwergewichtler an: »Los, Ede, gib's ihm. Hau ihm eine rein!«
Da wird er von seinem Sitznachbarn angesprochen: »Sie sind ja anscheinend ein großer Fan!«
»Keineswegs«, antwortet der Mann, »ich bin der Zahnarzt des Gegners!«

»Herr Müller«, meinte der Arzt lächelnd und nickt seinem Patienten zu, »künftig trinken wir jeden Tag nur noch ein Gläschen Cognac.«
»Gerne, Herr Doktor, wann soll ich denn vorbeikommen?«

Die fesche Tanja kommt zum Psychiater: »Herr Doktor, ich habe seit Wochen einen schrecklichen Alptraum: Ich bin plötzlich mitten auf einer Bühne – splitterfasernackt, nur ein Strohhut auf dem Kopf – und alle Leute starren mich an!«

»Ich verstehe«, antwortet der Arzt, »dann wollen Sie natürlich vor Scham im Boden versinken.«

»Aber natürlich, Herr Doktor! Schließlich sind Strohhüte schon längst aus der Mode!«

Dr. Hausmann begrüßt seine langjährige Patientin: »Guten Tag, Frau Meier. Haben denn die Zäpfchen geholfen, die ich Ihnen letzte Woche verschrieben habe?«

»Ich denke schon«, antwortet Frau Meier mit belegter Stimme, »aber die haben einfach grässlich geschmeckt!«

Beim Psychiater im Wartezimmer. Ein Patient rennt herum, trommelt sich mit den Fäusten auf die Brust und gibt laute Brüllgeräusche von sich. Da kommt der Arzt herein, um sich nach der Ursache des Lärms umzusehen.

»Guter Mann«, fragt er den Patienten, »was machen Sie denn hier für einen Aufstand?«

»Ich bin King Kong!«, antwortet der Mann.

»Und wer hat Ihnen das gesagt?«, hakt der Arzt nach.

»Der liebe Gott!«

Da steht ein anderer Patient auf und sagt entrüstet: »Was soll ich gesagt haben?!«

Kommt ein Mann zum Porsche-Händler und sucht sich das teuerste Modell aus. Nach einer Probefahrt sagt er zum Verkäufer: »Den nehme ich! Jetzt sofort – und ich zahle auch gleich bar!«

Der Verkäufer freut sich natürlich. Beim Bezahlen fragt er den Mann: »Darf ich Ihnen mal eine persönliche Frage stellen? Sie sind bestimmt Arzt, oder?«

»Ja, woher wussten Sie das? Ich habe meinen Kittel doch gar nicht an«, antwortet der Mann erstaunt.

Darauf der Verkäufer: »Nein, aber Sie zahlen mit lauter Zehn-Euro-Scheinen!«

Kalle trinkt gerne mal ein Gläschen Wein zu viel. Seinem Arzt gefällt das gar nicht, und er redet ihm ins Gewissen: »Wenn Sie nicht mit dem Weintrinken aufhören, werden Sie nicht alt!«

Darauf Kalle grinsend: »Ja, ja, Herr Doktor. So ein guter Tropfen hält halt jung!«

Doktor Meier kommt geschafft aus dem OP-Saal und meint zur Schwester: »Mannomann, das war knapp!«

»Was meinen Sie damit?«, fragt die Schwester verwundert.

»Ein paar Zentimeter weiter und ich wäre nicht mehr in meinem Fachgebiet gewesen!«

Was ist der Unterschied zwischen einem Internisten, einem Chirurgen, einem Psychiater und einem Pathologen?

Der Internist hat zwar Ahnung, kann aber nichts.

Der Chirurg hat zwar keine Ahnung, kann aber alles.

Der Psychiater hat zwar keine Ahnung und kann auch nichts, hat aber für alles Verständnis.

Der Pathologe weiß alles und kann alles, kommt aber immer zu spät.

Ein sehr kranker Mann kommt zum Arzt. Nach der Untersuchung meint dieser bedauernd: »Leider bleibt Ihnen nicht mehr viel Zeit!«

»Wie lange denn noch?«, fragt der Patient ängstlich.

»Zehn«, antwortet der Arzt.

»Zehn was? Zehn Jahre, zehn Monate …?«, fragt der Patient.

Darauf der Arzt: »Neun, …«

Helge kommt zum Arzt: »Herr Doktor, ich habe Kopfschmerzen, Bauchschmerzen, Ohrenschmerzen, ein starkes Stechen in der Brust, und meine Füße jucken die ganze Zeit. Was fehlt mir wohl?«

Darauf der Arzt: »Was soll Ihnen denn fehlen? Sie haben doch schon alles!«

Herr Meier erwacht aus der Narkose. Da steht auch schon sein Arzt neben dem Bett und sagt zerknirscht: »Herr Meier, es tut mir wirklich schrecklich leid und ist mir auch unglaublich peinlich, aber wir müssen Sie noch mal aufschneiden.«

»Aber warum denn das, Herr Doktor?«, fragt Herr Meier noch leicht benommen.

»Ich traue es mich ja gar nicht zu sagen, aber ich habe meine Gummihandschuhe bei der OP vergessen«, sagt der junge Arzt.

»Jetzt beruhigen Sie sich mal«, erwidert Herr Meier, »ich geb Ihnen das Geld für ein neues Paar.«

Auf einem Kongress für Psychiater treffen sich ein Russe, ein Amerikaner und ein Israeli. Am Abend nach ein paar Gläsern Wein erzählen sie sich gegenseitig von ihren außergewöhnlichsten Fällen.

Meint der Russe: »Also ich habe einen Patienten, der bildet sich ein, die ganze Taiga bepflanzt zu haben.«

»Das ist ja noch gar nichts«, lacht der Ami, »meiner bildet sich ein, er habe ganz allein die Rocky Mountains gebaut!«

Beide schauen erwartungsvoll den Israeli an. Der meint schließlich: »Mein neuester Patient bildet sich ein, das Tote Meer umgebracht zu haben!«

Ein Patient kommt zum Arzt und beklagt sich über andauernde Kopfschmerzen. Der Arzt fragt: »Trinken Sie?«

»Nein.«

»Rauchen Sie?«

»Nein.«

»Und wie läuft es in der Liebe?«

»Ich lebe keusch.«

Daraufhin überlegt der Arzt kurz und meint: »Na dann können Ihre Kopfschmerzen eigentlich nur vom Heiligenschein kommen!«

Der verängstigte Patient fragt den Chirurgen: »Wie hoch sind meine Chancen, Herr Doktor?«

Darauf der Arzt: »Machen Sie sich keine Sorgen – ich führe diese Operation heute zum fünfzigsten Mal durch.«

»Na dann bin ich ja beruhigt!«

»Ja eben, einmal muss sie ja klappen!«

Der Psychiater zu seinem neuen Patienten: »Wenn die Behandlung erfolgreich sein soll, dann müssen Sie mir alles von Anfang an erzählen.«

»Von Anfang an?«, seufzt der Patient. »Also gut: Am Anfang erschuf ich Himmel und Erde …«

Der kleine Paul jammert fürchterlich, als der Kinderarzt ihm eine Spritze geben will.

»Aber du brauchst doch keine Angst zu haben«, versucht der Arzt ihn zu beruhigen. »Weißt du überhaupt, wogegen du geimpft werden sollst?«

»Auf jeden Fall gegen meinen Willen!«

Der Arzt zu seinem Patienten: »Ich habe eine gute und eine schlechte Nachricht für Sie. Welche wollen Sie zuerst hören?«

Der Patient: »Na dann würde ich doch gerne die gute zuerst hören.«

Darauf der Arzt: »Also wir werden die Krankheit nach Ihnen benennen!«

Während eines Fluges sagt der Pilot plötzlich durch: »Verehrte Fluggäste, sollte sich ein Arzt an Bord befinden, dann bitte ich ihn, nach vorne ins Cockpit zu kommen.«

Ein Mann erhebt sich und geht nach vorne ins Cockpit. Nach wenigen Minuten kommt eine zweite Durchsage – diesmal vom Arzt: »Sollte sich ein Pilot an Bord befinden, bitte schnell ins Cockpit kommen!«

Um Herrn Lehmann steht es sehr schlecht. Fragt ihn der Arzt am Krankenbett: »Soll ich jemanden holen lassen? Ihre Frau oder Ihre Kinder?«
Da stöhnt Herr Lehmann: »Nein, holen Sie lieber einen anderen Arzt!«

Gerd geht es sehr schlecht. Er fragt seinen Arzt: »Seien Sie ehrlich, Herr Doktor, wie viel Zeit bleibt mir noch?«
»Nun ja«, antwortet der Arzt, »lassen Sie es mich mal so ausdrücken: An Ihrer Stelle würde ich keinen Fortsetzungsroman mehr anfangen!«

Die vermeintlich schönste Haarfarbe der Welt

Der Professor fragt einen Studenten: »Was ist Ihrer Meinung nach das Schönste, das uns die Chemie geschenkt hat?«
»Die Blondinen!«

Warum freut sich eine Blondine, wenn sie ein Puzzle nach sechs Monaten fertig hat?
Weil auf der Packung »2 bis 4 Jahre« steht.

Warum können Blondinen keine Brezeln essen?
Weil sie den Knoten nicht aufbekommen!

Die blonde Petra winkt kurz vor dem Start des Flugzeugs die Stewardess zu sich: »Bitte sagen Sie dem Piloten, er soll nicht mit Überschallgeschwindigkeit fliegen. Meine Freundin und ich, wir würden uns nämlich gerne unterhalten.«

Die blonde Susi steht mit ihrer ebenfalls blonden Freundin Mandy neben ihrem Auto und versucht verzweifelt, mit einem Draht die Tür zu öffnen.

»Mensch, ich hab dir doch gesagt, du sollst die Tür nicht zumachen, weil ich den Schlüssel stecken lasse!«, schimpft Susi.

»Jetzt reg dich nicht auf!«, sagt Mandy beleidigt. »Beeil dich lieber, es sieht aus, als ob es gleich anfängt zu regnen.«

»Verdammt, du hast recht«, sagt Susi, als sie gen Himmel blickt. »Dann muss ich doch besser das Verdeck zumachen, bevor die Ledersitze nass werden.«

Kommt eine braun gefärbte Blondine zum Schäfer und fragt: »Wenn ich errate, wie viele Schafe Sie haben, darf ich mir dann eins aussuchen?«

»Abgemacht!«

»123!«

»Das ist richtig!«

Sie sucht sich eins aus und geht.

Ruft der Schäfer hinter ihr her: »Wenn ich errate, was Ihre richtige Haarfarbe ist, bekomme ich dann meinen Hund zurück?«

Warum fährt eine Blondine achtmal um den Häuserblock?
Ihr Blinker ist kaputt.

Zwei Blondinen gehen im Park spazieren. Da findet die eine plötzlich einen Spiegel. Sie wirft einen Blick hinein und sagt dann zu ihrer Freundin: »Hm, irgendwie kommt mir das Gesicht bekannt vor …«
Ihre Freundin nimmt ihr den Spiegel ab, schaut selbst hinein und meint dann: »Na klar, du Dummerchen, das bin ja auch ich!«

Eine Blondine geht in eine Bar und setzt sich an die Theke. Interessiert schaut sie auf den Fernseher, wo gerade die Nachrichten laufen. Es wird ein Bericht von einem Mann gezeigt, der droht, sich von einer Brücke zu stürzen. Da fragt die Blondine den Mann, der neben ihr sitzt: »Denken Sie, dass er springt?«
Der Mann: »Ich wette, er springt!«
Darauf die Blondine: »Ha, ich wette dagegen!«
Da legt der Mann einen Zehner auf die Theke und sagte: »Gut, die Wette gilt!«
Tatsächlich springt der Mann wenige Sekunden später in die Tiefe. Die Blondine gibt dem Mann enttäuscht einen Zehner. Da bekommt der Mann ein schlechtes Gewissen: »Ich kann Ihr Geld nicht annehmen, ich war nämlich nicht ganz fair. Ich hab schon in den Mittagsnachrichten gesehen, dass er springen wird.«
Darauf die Blondine: »Ich auch. Aber ich hätte nicht gedacht, dass er so dumm ist und noch mal springt!«

Eine Brünette, eine Schwarzhaarige und eine Blondine wollen eine acht Kilometer lange Strecke durchs Meer zu einer Insel schwimmen. Die Schwarzhaarige schafft die ganzen acht Kilometer, die Brünette ertrinkt auf halbem Weg. Die Blondine aber schwimmt vier Kilometer, sagt: »Ich kann nicht mehr!« und schwimmt zurück.

Wie oft lacht eine Blondine über einen Witz?
Dreimal: Wenn man ihn ihr erzählt, wenn man ihn ihr erklärt und wenn sie ihn verstanden hat!

Warum lädt die Blondine immer all ihre Freunde ein, wenn sie sich einen Film im Kino anschauen will?
Weil es »freigegeben ab sechzehn« heißt!

Eine Blondine geht mit ihrer Freundin durch den Park. Plötzlich sagt die Freundin: »Oh sieh nur, ein totes Vögelchen.«
Daraufhin bleibt die Blondine stehen, schaut in die Luft und fragt: »Wo denn?«

Ein Bauchredner tritt mit seiner Puppe im Kabarett auf und erzählt einen gemeinen Blondinenwitz nach dem anderen. Irgendwann springt eine Blondine aus dem Publikum auf und brüllt: »Hey, du Mistkerl da vorne, was erzählst du da die ganze Zeit für schwachsinnige Geschichten über Blondinen!«

»Jetzt regen Sie sich doch nicht so auf, das sind doch nur Witze!«, antwortet der Bauchredner.

Darauf die Blondine total sauer: »Ich rede doch nicht mit Ihnen, ich rede mit dem kleinen Drecksack, der auf Ihrem Knie sitzt!«

Die ersten Frühlingstage im Jahr. Kurt hat keine Lust, bei diesem schönen Wetter im Büro zu versauern, und überlegt sich, wie er ein paar Tage frei bekommen könnte. Er hängt sich an die Zimmerdecke, als sein Chef reinkommt.

»Was machen Sie denn da?«, fragt der Chef.

»Ich bin eine Deckenlampe!«, antwortet Kurt mit irrem Grinsen im Gesicht.

»Ach du meine Güte. Gehen Sie am besten für den Rest der Woche nach Hause und ruhen sich aus!«

Kurt packt seine Sachen und schlendert aus dem Büro. Seine blonde Kollegin will es ihm gleichtun.

»Aber, Fräulein Holler, warum wollen Sie denn auch gehen?«

Darauf antwortet die Blondine: »Ja, glauben Sie, ich sitze hier im Dunkeln und arbeite?!«

Eine Blondine fährt in ihrem Auto und hält bei einer Verkehrstafel an. Ein Penner klopft an ihre Windschutzscheibe. Sie ignoriert ihn und fährt weiter. Als sie wieder bei einem Verkehrszeichen anhält, klopft der Obdachlose erneut. Wieder ignoriert sie ihn und fährt los. Als sie ein weiteres Mal bei einem Verkehrszeichen anhält, klopft der Obdachlose schon wieder an ihre Windschutzscheibe. Entnervt kurbelt sie das Fenster runter und fragt: »Wie machen Sie denn das, dass Sie immer, wenn ich anhalte, neben meinem Wagen stehen?«
Darauf der Penner: »Gib mir fünf Euro, und ich helfe dir aus dem Kreisverkehr!«

Zwei Blondinen sitzen mit einer Säge auf dem Ast eines Baumes und sägen kräftig daran. Da geht unten eine Brünette vorbei und ruft: »Hey ihr zwei, wenn ihr so weitermacht, fallt ihr bald runter!«
Die Blondinen ignorieren ihre Warnung, die Brünette zuckt die Achseln und geht weiter. Nach einiger Zeit passiert natürlich das, was passieren musste: Der Ast bricht, und die Blondinen fallen runter. Wieder kommt die Brünette vorbei. Da sagt die eine Blondine zur anderen: »Schau mal, da kommt die Wahrsagerin!«

Warum essen Blondinen keine Bananen?
Sie finden den Reißverschluss nicht.

Warum gibt es in zehn Jahren in Deutschland einen Aufstand der Blondinen?
Weil dann die Blondinen die Witze begriffen haben, die man jetzt über sie macht.

Blondie blättert verzweifelt im Kochbuch. Da kommt ihr Freund vorbei und fragt: »Was suchst du denn?«
»Ach«, seufzt Blondie, »ich finde einfach nicht das Rezept, wie man Wäsche kocht …«

Wie kann man eine Blondine an einem Montagmorgen zum Lachen bringen?
Indem man ihr am Freitagabend einen Witz erzählt!

Auf einer vielbefahrenen Kreuzung krachen zwei Autos ineinander. Die Fahrerin eines der Wagen ist blond. Der Fahrer des anderen Wagens brüllt wütend: »Sie blöde Kuh! Haben Sie denn überhaupt die Fahrprüfung gemacht?«
Zischt die Blondine beleidigt zurück: »Bestimmt öfter als Sie!«

Zwei Blondinen radeln an einer Wiese vorbei und sehen plötzlich eine andere Blondine, die versucht, mit ihrem Boot im Gras zu rudern.

»Das ist unfassbar. Genau solche Blondinen ruinieren den Ruf von uns allen!«, sagt die eine Blondine.

»Du hast recht!«, erwidert die zweite Blondine. »Und wenn ich schwimmen könnte, würde ich ihr dafür eine reinhauen!«

Wie kommt eine Blondine an Aprikosenmarmelade?
Sie schält einen Berliner.

Die blonde Susi will ihrem neuen Freund Frühstückseier bereiten.

»Warum sind die denn so hart?«, fragt dieser erstaunt.

»Ich habe sie zwanzig Minuten lang gekocht«, antwortet Susi.

»Zwanzig Minuten?! Aber Eier kocht man doch maximal fünf Minuten!«, erwidert ihr Freund kopfschüttelnd.

Darauf Susi: »Aber es waren doch vier Eier!«

Was sind zwei Blondinen in der Badewanne?
Hühnersuppe!

Blondie Julchen rennt immer wieder ganz aufgeregt zu ihrem Briefkasten und schaut nach, ob denn Post für sie da ist.

Eine Nachbarin beobachtet sie eine Zeitlang, dann fragt sie: »Du erwartest wohl einen wichtigen Brief?«

Julchen schüttelt den Kopf: »Eigentlich nicht, aber jedes Mal, wenn ich den Computer anschalte, sagt er: *Sie haben Post!*«

Was macht eine Blondine neben zwei Mülltonnen?
Ein Familienfoto.

In der Blondinen-WG machen sich an einem schönen Sommertag alle Bewohnerinnen an die Gartenarbeit. Dabei erwischt Claudia einen Maulwurf im Beet.

»Bring ihn um, sonst verwüstet er uns den ganzen Garten!«, rufen die anderen.

Claudia verschwindet mit dem Maulwurf und kommt nach zwanzig Minuten mit einem gemeinen Grinsen wieder.

»Was ist denn? Hast du den Maulwurf im Fluss ertränkt?«, fragen die anderen.

»Nein, nein. Ich habe mir etwas viel Gemeineres einfallen lassen!«, antwortet Claudia. »Ich habe ihn bei lebendigem Leib begraben!«

Wie erklärt eine Blondine einen Wasserschaden an ihrem PC?
Sie wollte besser surfen können.

☺

Warum klettern Blondinen über Glaswände?
Um zu sehen, was auf der anderen Seite ist.

☺

Wie beschäftigt man eine Blondine eine Stunde lang?
Man schreibt »Bitte wenden« auf beide Seiten eines Blatt Papiers!

☺

Drei Blondinen unterhalten sich über die Weihnachtsgeschenke ihrer Freunde.
Meint die erste: »Hach, mein Freund hat mir ein Buch geschenkt, dabei kann ich doch gar nicht lesen!«
Sagt die zweite: »Und meiner hat mir einen Füller geschenkt, ich kann aber nicht schreiben!«
Seufzt die dritte: »Das ist ja alles gar nichts. Mein Freund hat mir einen Deoroller geschenkt, und ich habe gar keinen Führerschein!«

☺

Die blonde Sabrina möchte in den Urlaub fliegen und hat sich trotz ihres Tickets für die Holzklasse in die erste

Klasse gesetzt. Eine Stewardess bemerkt den frechen Versuch und fordert sie auf, sich in die zweite Klasse zu setzen. Die Blondine bleibt beharrlich sitzen. Eine zweite Stewardess versucht es, aber die Blondine bleibt immer noch sitzen. Die Flugbegleiterinnen wissen sich nicht mehr zu helfen und ziehen den Piloten zu Rate. Er geht zur Blondine und spricht kurz mit ihr. Zum Erstaunen seiner Angestellten nimmt die Blondine ihre Sachen und setzt sich in die zweite Klasse. Die Stewardessen fragen verwundert: »Wie haben Sie denn das angestellt?«
Darauf der Pilot: »Ich hab ihr gesagt, die erste Klasse fliegt nicht nach Ibiza!«

Warum wirft die Blondine immer Brotstückchen ins Klo?
Damit die WC-Ente nicht verhungert.

Die blonde Susi wird von einer Polizeistreife angehalten. Sagt der Wachtmeister zu ihr: »Ihr Bremslicht funktioniert nicht. Das macht 20 Euro!«
»Super, Herr Wachtmeister!«, flötet Susi. »Die in der Werkstatt wollten dafür über 100 Euro haben!«

Was macht eine Blondine, wenn der Computer brennt?
Sie drückt die Löschtaste.

Die blonde Susi ist neu im Büro. Ratlos steht sie vor dem Reißwolf. Da kommt ein Kollege vorbei und fragt: »Kann ich Ihnen helfen?«

»Oh danke! Können Sie mir zeigen, wie das Ding hier funktioniert?«, säuselt Susi.

Ganz Gentleman, nimmt der Kollege die Blätter und schiebt sie einzeln in den Schlitz.

»Super!«, sagt Susi. »Und wo kommen jetzt die Kopien raus?«

Warum leckt eine Blondine immer ihre Armbanduhr ab? Weil *TicTac* nur zwei Kalorien hat!

Warum bittet die Blondine ihren Makler um ein rundes Haus?

Sie will ein Haus kaufen, in das der Hund nicht mehr in die Ecke machen kann.

Eine Blondine bestellt eine Pizza. Der Ober fragt, ob er sie in sechs oder in zwölf Stücke aufteilen soll. Antwortet sie: »Sechs bitte. Ich könnte niemals zwölf verdrücken.«

Eine Blondine bummelt am Samstagnachmittag durch

Karstadt. Bei einem Regal bleibt sie plötzlich stehen und ist ganz erstaunt.

»Was ist denn das?«, fragt sie einen Verkäufer.

»Das sind Thermoskannen. Die halten Heißes heiß und Kaltes kalt.«

Die Blondine ist begeistert und kauft sofort eine. Ein paar Tage später trägt sie ihre Thermoskanne stolz durch die Stadt, als sie einer Freundin begegnet.

»Was hast du denn da?«, fragt die Freundin.

»Das ist eine Thermoskanne. Die hält Heißes heiß und Kaltes kalt«, antwortet die Blondine.

»Und was hast du gerade da drin?«, fragt die Freundin.

»Eine Tasse Tee und zwei Kugeln Eis!«

Eine Blondine und ein Manager sitzen nebeneinander im Flugzeug. Da dem Manager langweilig ist, denkt er sich, dass es doch ein netter Zeitvertreib wäre, die Blondine abzuzocken.

Er stellt sich vor und fragt: »Hätten Sie Lust auf ein kleines Spiel zum Zeitvertreib? Wir stellen uns gegenseitig eine Frage, und wer keine Antwort hat, der gibt dem anderen 10 Euro.«

Die Blondine will aber ihre Ruhe und lehnt ab.

Der Anwalt bleibt hartnäckig und meint: »Sie bekommen sogar 100 Euro, ich aber nur 10 Euro für jede nicht beantwortete Frage.«

Endlich stimmt die Blondine zu, woraufhin ihr der Manager eine äußerst komplizierte, wirtschaftliche Frage stellt.

Wie erwartet, weiß die Blondine keine Antwort und gibt ihm 10 Euro.

Dann ist die Blondine dran: »Was hat vier Beine, wenn es einen Berg raufgeht, und drei Beine, wenn es herunterkommt?«

Der Manager überlegt lange, weiß aber auch keine Antwort und gibt schließlich der Blondine 100 Euro.

»Gut«, meint der Manager, »und was ist es jetzt?«

Darauf dreht sich die Blondine um und gibt ihm 10 Euro.

Schule und Uni

Einführungsveranstaltung der Chemie. Der Professor bereitet ein Experiment vor und sagt zu seinen Studenten: »Wenn ich nicht sehr vorsichtig bin, dann fliegen wir alle in die Luft. Und bitte treten Sie doch etwas näher, damit Sie mir besser folgen können.«

Jeden Tag auf dem Weg zur Arbeit kommt Herr Stühler am Stammplatz eines Obdachlosen vorbei. Jedes Mal wirft er ihm einen Euro in den Hut. Eines Tages gibt er ihm nur noch 50 Cent.
»Was ist denn los?«, will der Bettler wissen.
»Mein Sohn geht jetzt auf die Uni, da muss ich sparen«, sagt Herr Stühler.
»Unerhört!«, murmelt der Obdachlose. »Lässt seinen Sohn auf meine Kosten studieren!«

Die Studentin wird auf dem Gang vom katholischen Mädchenwohnheim von Schwester Maria gefragt: »Wie geht es eigentlich Ihrem Bruder? Er hat Sie schon lange nicht mehr besucht.«
Darauf die junge Studentin: »Ach, der hat jetzt eine andere Schwester.«

Max gibt seine Hausaufgaben ab. »Hier, Herr Lehrer, ich habe die Aufgabe achtmal nachgerechnet.«

Darauf der Lehrer: »Das ist aber sehr fleißig, Max!«

Sagt Max stolz: »Ja, und ich hab jedes Mal ein anderes Ergebnis bekommen!«

Ein Zoologiestudent beim Examen. Der Professor deutet auf einen halb bedeckten Käfig, in dem nur die Beine eines Vogels zu sehen sind, und fragt: »Welcher Vogel ist das?«

»Keine Ahnung!«, antwortet der Student zerknirscht.

»Ihren Namen, bitte!«, sagt der Professor mit ärgerlichem Blick.

Da zieht der Student die Hosenbeine hoch und meint: »Raten Sie mal!«

Warum stehen Studenten schon um sieben Uhr auf?
Weil um acht Uhr der Supermarkt zumacht.

Der Mathelehrer empört sich: »Ihr seid alle so schlecht in Mathe, dass sicher 90 % der Klasse dieses Jahr eine glatte Fünf bekommen.«

Da ruft ein Schüler aus dem Hintergrund: »Aber so viele sind wir doch gar nicht!«

Raubüberfall im Studentenwohnheim. Der Einbrecher brüllt: »Hände hoch! Ich suche Geld!«
Darauf die Studenten: »Moment, wir suchen mit!«

☺

»Mama, Mama, seit Papa auf Geschäftsreise ist, sind meine Hausaufgaben immer richtig!«

☺

Wieder mal kommt Jürgen zu spät in die Schule.
»Na, mal wieder verschlafen?«, fragt die Lehrerin.
»Aber Fräulein, was denken Sie denn von mir? Ich bin auf dem Schulweg von Rowdys überfallen worden!«
»Oh, mein Gott, Jürgen! Ist dir etwas passiert?«, ruft die Lehrerin entsetzt.
Darauf Jürgen: »Gott sei Dank haben sie mir nur die Hausaufgaben gestohlen!«

☺

Lehrer Meier will seinen Schülern den Themenbereich Sauberkeit und Hygiene näherbringen: »Was meint ihr, warum räumt eure Mutter wohl die Wohnung auf, wischt den Boden und putzt die Fenster?«
Da meldet sich die kleine Annemarie: »Weil Besuch kommt!«

☺

Am Anfang der Klausur sagt der Professor: »Sie haben genau zwei Stunden Zeit. Danach werde ich keine weiteren Arbeiten mehr annehmen.«

Nach zwei Stunden ruft er: »Schluss, meine Damen und Herren!«

Ein Student lässt sich nicht stören und schreibt wie wild weiter. Nach fünfzehn Minuten will auch er sein Heft noch auf den Stapel beim Professor legen, aber der Professor lehnt ab.

Darauf der Student: »Herr Professor, wissen Sie eigentlich, wen Sie vor sich haben?«

»Nein«, meint der Prof lapidar.

»Großartig!«, sagt der Student und schiebt seine Arbeit mitten in den Stapel ...

In der Schule gibt die Deutschlehrerin den Schülern das Thema »Wenn ich Millionär wäre«. Alle fangen fleißig an zu schreiben, nur Hansi sitzt seelenruhig da und rührt keinen Finger.

»Hansi, was ist los? Fällt dir zu diesem Thema nichts ein?«, fragt die Lehrerin.

»Doch, schon«, antwortet Hansi.

»Und warum fängst du dann nicht an?«

»Ich warte noch auf meine Sekretärin!«

Im Hörsaal hatte man eine neue Lautsprecheranlage installiert. Der Professor spricht zur Probe ins Mikrofon: »Können Sie mich auch auf den hinteren Sitzreihen hören?« Ein Student aus der vorletzten Reihe blickt kurz von einer lebhaften Unterhaltung auf und ruft: »Ja, aber es stört uns nicht im Geringsten!«

Der Psychologiestudent macht sein erstes Praktikum in der Psychiatrie und fragt dort den Professor: »Wie stellen Sie eigentlich fest, ob jemand verrückt ist?«
Der Professor klärt ihn auf: »Wir führen die Person in ein Zimmer, in dem sich eine Badewanne voll Wasser befindet. Dann zeigen wir ihr einen Eimer, eine Kaffeetasse und einen Löffel und überlassen es ihr, zu entscheiden, womit man am schnellsten die Wanne leer bekommt.«
»Ich verstehe«, sagt der Student eifrig. »Die Normalen nehmen natürlich den Eimer, um die Wanne leer zu schöpfen, der ist ja viel größer als Tasse oder gar Löffel.«
»Nein«, antwortet der Professor. »Die Normalen ziehen einfach den Stöpsel!«

»Der Herr Professor führt angeblich eine sehr glückliche Ehe.«
»Wie kommst du denn darauf?«
»Er ist Mathematiker und seine Frau ist unberechenbar!«

Horst knüpft sich seinen Sohn vor: »Hör mal, mein Lieber. Seit sechzehn Semestern studierst du jetzt schon Medizin. Wann willst du denn endlich mal Arzt werden?«

Antwortet der Sohnemann: »Ach Papa, ich lasse mir absichtlich Zeit mit dem Studium. Die meisten Leute haben einfach mehr Vertrauen zu älteren Ärzten!«

»Was willst du denn mal werden, wenn du groß bist?«, fragt Tante Emma ihren kleinen Neffen Karli.

»Lehrer!«, antwortet Karli.

»Na, das ist aber schön. Gefällt es dir denn in der Schule so gut?«

»Nein, aber als Lehrer hat man vormittags immer recht und nachmittags immer frei!«

Der Anatomieprofessor zur Studentin: »Welcher Teil des menschlichen Körpers weitet sich bei Erregung um das Achtfache?«

Die junge Studentin wird rot und stottert: »Der …, das …«

»Falsch, die Pupille«, entgegnet der Professor lächelnd. »Das war eine kleine Fangfrage. Aber Ihnen würde ich raten, sich Ihren Freund warmzuhalten …«

Am ersten Schultag nach den großen Ferien wird Karlchen von der Lehrerin gefragt: »Na Karlchen, wie war es denn in den Ferien?«
»Wunderbar, Fräulein Müller«, antwortet Karlchen, »aber viel zu kurz für einen ganzen Aufsatz!«

☺

Sitzen zwei Studenten gemütlich in der Mensa zusammen und unterhalten sich. Plötzlich springt der eine auf und fragt seinen Freund ganz aufgeregt: »Scheiße! Wie spät ist es?«
»Donnerstag«, erwidert der andere.
Darauf der erste Student: »Keine Details! Sommer- oder Wintersemester?«

☺

An der Straße, die an einer Schule vorbeiführt, steht folgendes Schild: »Achtung Schule! Überfahren Sie die Kinder nicht.«
Darunter steht in krakeliger Schrift: »Warten Sie lieber auf einen Lehrer!«

☺

Der Lehrer versucht, seinen Schülern die Grundregeln der Physik beizubringen: »Hitze dehnt aus, Kälte zieht zusammen. So schwer ist das doch gar nicht. Kann mir jemand ein Beispiel nennen?«
Kurzes Schweigen, dann meldet sich Holger: »Die Ferien

im Sommer dauern sechs Wochen, die im Winter nur zwei!«

Im Religionsunterricht fragt ein Schüler: »Herr Pfarrer, was ist denn die Apokalypse?«
Darauf antwortet der Pfarrer: »Das ist der Weltuntergang. Der Sturm wird die Dächer wegfegen, Flüsse werden über die Ufer treten und Blitz und Donner werden über die Menschheit hereinbrechen!«
Der Schüler fängt an zu grinsen und reibt sich die Hände.
»Ja, warum freust du dich denn darüber?«, fragt der Pfarrer.
Darauf der Schüler: »Na, bei dem Sauwetter dürfen wir doch bestimmt zu Hause bleiben!«

»Frau Hübner, kann man eigentlich für etwas bestraft werden, was man gar nicht gemacht hat?«, fragt die kleine Lisa ihre Deutschlehrerin.
»Natürlich nicht!«, antwortet diese.
Da atmet Lisa erleichtert auf: »Puh, gerade noch mal Glück gehabt. Ich hab nämlich meinen Aufsatz nicht gemacht!«

Nachhilfestunde in Mathematik. Der Lehrer stellt Horst folgende Frage: »Also Horst, du hast 100 Euro und bittest deine Mutter um weitere 60 Euro, wie viel Geld hast du dann?«

Antwortet Horst: »Immer noch 100 Euro!«

»Nein, Horst. Du musst schon aufpassen. Hast du das denn immer noch nicht begriffen?«, fragt der Lehrer genervt.

Darauf Horst: »Die Aufgabe habe ich schon verstanden, aber Sie kennen meine Mutter nicht!«

Beim Philosophieexamen. Eine Frage auf dem Prüfungsbogen lautete: »Wenn dies eine Frage ist, beantworten Sie sie.« Eine der Antworten: »Wenn dies eine Antwort ist, bewerten Sie sie.«

»Was ist Abendrot?«, fragt der Lehrer.

»Das ist der rote Himmel am Abend. Er kündigt schönes Wetter an«, antwortet Helge.

»Sehr gut, Helge. Und was ist Morgengrauen?«, sagt der Lehrer.

Wieder hat Helge die passende Antwort parat: »Das ist das Gefühl gleich nach dem Aufstehen, wenn man in die Schule muss.«

Die hübsche Susi hat so ihre Probleme mit dem Studium und befürchtet, das Examen nicht zu bestehen. Sie beschließt, auf ihre weiblichen Reize zu setzen, geht zum Professor, beugt sich nach vorne und gibt dabei einen tiefen Einblick in ihren Ausschnitt.

»Herr Professor, wissen Sie, ich würde einfach alles tun, um das Examen zu bestehen!«, säuselt sie.

»Wirklich alles?«, meint der Professor. Susi nickt. Da winkt der Professor sie näher zu sich und flüstert: »Dann lernen Sie mal!«

☺

Der Pfarrer fragt im Religionsunterricht: »Was müsst ihr tun, damit eure Sünden vergeben werden?«

Fritzchen antwortet brav: »Zuerst mal sündigen, Herr Pfarrer!«

☺

»Warum musstest du heute nachsitzen?«, fragt der Vater.

»Ich habe mich geweigert, jemanden zu verpetzen.«

»Das war aber fair von dir, worum ging es denn?«

»Unser Lehrer wollte wissen, wer Julius Cäsar ermordet hat!«

☺

Der Professor hat nach jahrlanger, mühevoller Kleinarbeit sein Werk endlich vollendet. Als Widmung lässt er auf die erste Seite drucken: »Meiner lieben Frau, ohne deren häufige Abwesenheit ich dieses Buch nie hätte fertigstellen können.«

Nach der Renovierung des Hörsaals hat man an der Wand Garderobenhaken angebracht. Darüber hängt ein Schild mit der Aufschrift: »Nur für Dozenten!«
Am nächsten Tag steht in krakeliger Schrift darunter: »Auch für Mäntel geeignet!«

»Herr Lehrer, Herr Lehrer«, ruft Fritzchen aufgeregt.
»Was ist denn, Fritzchen?«, fragt ihn der Lehrer.
»Was haben Sie da unter meinen Aufsatz geschrieben? Ich kann es leider nicht lesen.«
»Einen Moment, Fritzchen. Das heißt: Bitte deutlicher schreiben!«

Im Biologieunterricht hält der Lehrer ein Bild von einem grünen Schmetterling hoch und fragt seine Schüler: »Was ist das für ein Schmetterling?«
Klausi meldet sich: »Ein Zitronenfalter!«
Darauf der Lehrer: »Falsch! Klausi, ein Zitronenfalter ist doch gelb und nicht grün!«
Da antwortet Klausi genervt: »Der ist halt noch nicht reif!«

Im Religionsunterricht fragt der Lehrer den kleinen Hansi: »Sag mal, Hansi, betet ihr zu Hause eigentlich immer vor dem Essen?«

»Och nö«, antwortet Hansi, »so schlecht kocht meine Mutter dann auch wieder nicht!«

Lehrer Müller erklärt gerade berühmte Erfindungen: »Kann mir jemand sagen, wie die erste Sprechmaschine hergestellt wurde?«

Darauf Fritzchen: »Aus einer Rippe.«

Was war Jesus von Beruf?

Student! Er wohnte mit 30 Jahren noch bei den Eltern, hatte lange Haare, und wenn er etwas tat, dann war es ein Wunder.

Im Geschichtsunterricht fragt der Lehrer: »Welcher berühmte Deutsche sagte: Macht mit mir den linken Flügel stark?«

Antwort: »Philip Lahm, Herr Lehrer.«

Die Top Ten der witzigsten Zitate aus Schüler-Aufsätzen

Im Tierpark kann man viele Tiere sehen, die ganz selten sind; ja einige sind da, die es gar nicht gibt.

In der Tropfsteinhöhle ist es sehr nass; denn es tropft von oben und von unten.

Das Erfrieren ist aber ein leichter Tod. Die Leute setzen sich hin und schlafen ein, und wenn sie aufwachen, sind sie tot.

Der Mond ist kleiner als die Erde. Das liegt aber auch daran, dass er so weit weg ist.

Meine Eltern kaufen nur das graue Klopapier, weil das schon mal benutzt wurde und gut für die Umwelt ist.

Wir gingen mit unserer Lehrerin im Park spazieren. Gegenüber dem Park war ein Haus, wo die Mütter ihre Kinder gebären. Eine Gebärmutter schaute aus dem Fenster und winkte uns zu.

Ein Kreis ist ein rundes Quadrat.

Wenn meine Mutter nicht einen Seitensprung gemacht hätte, wäre sie dem Verkehrsunfall zum Opfer gefallen. Aber so kam sie mit einem blauen Auge am Knie davon.

Alle Fische legen Eier. Die russischen sogar Kaviar.

Die Mohammedaner dürfen viele Frauen haben. Die Christen nur eine. Das nennt man Monotonie.

Von Holländern, Österreichern und Ostfriesen

Das kleine Teufelchen will endlich vom großen Teufel ernst genommen werden.

»Wenn du willst, dass ich dich ernst nehme, dann schnapp dir deine Schaufel und deinen Eimer, grab dich an die Oberfläche und klaue irgendetwas.«

Das kleine Teufelchen gräbt sich also nach oben und kommt in der Wüste heraus. Es trifft einen Kameltreiber und sagt: »Ich bin das kleine Teufelchen mit Eimerchen und Schäufelchen und jetzt klaue ich dir was.«

Schwupps, klaut das Teufelchen ein Kamel und verschwindet. Dem großen Teufel reicht das aber noch nicht. Also gräbt sich das kleine Teufelchen wieder nach oben. Diesmal kommt es in Amerika raus, erblickt einen Cowboy und meint: »Ich bin das kleine Teufelchen mit Eimerchen und Schäufelchen und jetzt klaue ich dir was.«

Schwupps, klaut es dem Cowboy ein Rind und verschwindet. Doch der große Teufel will noch einen weiteren Beweis für die Fähigkeiten des kleinen Teufelchens. Also gräbt sich das Teufelchen ein drittes Mal nach oben. Diesmal kommt es in Polen raus und meint wieder: »Ich bin das kleine Teufelchen mit Eimerchen und – verdammte Scheiße, wer hat mein Schäufelchen?!«

Was bekommt ein Holländer, wenn er dreimal durch die Führerscheinprüfung gefallen ist?
Ein gelbes Kennzeichen!

☺

Was machen die Holländer, wenn sie die Fußball-WM gewonnen haben?
Sie schalten ihre Playstation aus.

☺

Warum dreht ein Ostfriese die Stereoanlage immer laut auf?
Na, weil am Lautstärkenregler »voll ume« steht.

☺

Wo liegt die Grenze zwischen Genie und Wahnsinn?
Irgendwo bei Kufstein ...

☺

Wie lange dauert ein Fußballspiel zwischen Holland und Kolumbien?
Ganze 30 Sekunden: Dann haben die Holländer das Gras geraucht und die Kolumbianer die Linien weggezogen.

☺

Zwei österreichische Jäger schleichen durch den Wald. Plötzlich kommen sie auf eine Lichtung und sehen einen Drachenflieger über den Baumwipfeln hinwegschweben. Brüllt der eine: »Da, schau! Ein Adler, ein Adler – komm hol ihn runter!«
Der andere legt an und schießt.
»Hast ihn getroffen?«
»Nein, aber die Beute hat er fallen lassen ...«

Ein deutscher Unternehmer will Geld an der Steuer vorbeischleusen und reist deshalb in die Schweiz. In Zürich geht er in eine Bank.
»Wie viel wollen Sie denn einzahlen?«, fragt der Bankangestellte.
Der Mann beugt sich vor und flüstert: »Vier Millionen.«
»Sie können ruhig lauter sprechen«, sagt der Bankangestellte, »in der Schweiz ist Armut keine Schande!«

Der Himmel ist dort, wo die Franzosen die Köche sind, die Briten die Polizisten, die Deutschen die Mechaniker, die Italiener die Liebhaber und alles von den Schweizern organisiert wird.
Die Hölle ist dort, wo die Franzosen die Mechaniker sind, die Briten die Köche, die Schweizer die Liebhaber, die Deutschen die Polizisten und alles von den Italienern organisiert wird.

Was heißt Dieb auf Chinesisch?
Lang-Fing

Was heißt Polizist auf Chinesisch?
Lang-Fing-Fang

Was heißt Polizeihund auf Chinesisch?
Lang-Fing-Fang-Wuff

Der alte MacDougle ist gerade dabei, in seinem Wohnzimmer die Tapeten abzulösen, als er Besuch von seinem
Freund MacIllroy bekommt. Dieser fragt: »Willst du neu
tapezieren? Die Tapeten sind doch erst zwanzig Jahre
alt.«
Antwortet MacDougle: »Nein, ich ziehe um.«

Was sagt ein italienischer Kammerjäger, wenn er alle Kü-
chenschaben erledigt hat?
»Schabe fertig!«

Ein Deutscher hat an der Grenze zu Österreich eine Autopanne und bringt seinen Wagen zur nächstgelegenen Werkstatt. Dort laufen manche der Mechaniker mit einer knallroten Mütze rum, manche mit einer blauen Mütze. Das wundert den Deutschen und deshalb fragt er den Besitzer der Werkstatt: »Warum tragen denn manche Ihrer Leute blaue und andere rote Mützen?«

Erklärt der Besitzer: »Die mit den roten Mützen sind Österreicher, die sind so dumm, dass wir sie irgendwie kennzeichnen müssen!«

Er geht zu einem mit einer roten Mütze hin und sagt: »Hey du, geh mal schnell nach Hause und schau, ob du daheim bist!«

Daraufhin springt der Österreicher auf und rennt davon. Sagt der Besitzer zum Deutschen: »Da sehen Sie mal, dass ich recht hatte. Der ist so dumm, dass er nach Hause fährt und schaut, ob er zu Hause ist.«

Antwortet der Deutsche: »Der ist wirklich dumm, er hätte doch auch anrufen können!«

Ein Deutscher sitzt in einem Café am Potsdamer Platz in Berlin und genießt gerade sein Frühstück mit Kaffee, Schwarzbrot und Marmelade. Da setzt sich ein Kaugummi kauender, amerikanischer Tourist neben ihn und quatscht ihn an: »Esst ihr Deutschen eigentlich das ganze Brot?«

Der Deutsche erwidert: »Ja, natürlich.«

Der Ami macht eine Riesenblase mit seinem Kaugummi und meint: »Wir nicht. In den Staaten essen wir nur das

Weiche vom Brot. Die harte Kruste sammeln wir, formen daraus Schwarzbrot und schicken die nach Deutschland!«

Der Deutsche lässt sich nicht beirren und isst weiter. Der Amerikaner aber stellt erneut eine Frage: »Esst ihr auch Marmelade zum Brot?«

Der Deutsche erwidert – inzwischen leicht genervt: »Ja, natürlich.«

Der Amerikaner kaut weiter seinen Kaugummi und sagt: »Wir nicht. In den Staaten essen wir nur frisches Obst zum Frühstück. Die Schalen, Kerne und Reste sammeln wir in Containern, machen daraus Marmelade und verkaufen sie nach Deutschland.«

Langsam wird es dem Deutschen zu blöd. Er fragt den Ami: »Habt ihr auch Sex in den Staaten?«

Der Amerikaner lacht und sagt: »Ja, klar.«

Der Deutsche fragt: »Und was macht ihr mit den Kondomen, wenn sie benutzt sind?«

»Die werfen wir weg«, antwortet der Ami verwundert.

Jetzt lächelt plötzlich der Deutsche und meint: »Tja, wir nicht. Wir sammeln die benutzten Kondome in Containern, verarbeiten sie zu Kaugummi und verkaufen sie nach Amerika!«

Was bekommt man, wenn man einen Holländer mit einem Polen kreuzt?

Einen Autodieb, der nicht fahren kann.

Warum gibt es keine holländischen Formel-1-Fahrer?
Weil es keine feuerfesten Holzschuhe gibt.

An einem Bahnsteig in der Schweiz. Ein deutscher Tourist fragt den Schaffer: »Entschuldigen Sie bitte, wo kann ich hier eine Fahrkarte kaufen?«
Antwortet der Schaffner: »Das heißt hier in der Schweiz nicht Fahrkarte, sondern Billett!«
Darauf der Deutsche: »Na gut, wo kann ich ein Billett kaufen?«
Der Schaffner: »Am Fahrkartenschalter …«

Was ist der Unterschied zwischen Kolumbien und der Schweiz?
In der Schweiz wird der Schnee in Metern gemessen, in Kolumbien in Kilogramm.

Im tiefsten Niederbayern wird eine Schweineausstellung veranstaltet, wo das schönste Schwein prämiert wird. Der Huber-Bauer gewinnt mit seiner Sau den ersten Preis. Als er nach Hause kommt, meint er zu seiner Frau: »Des is der erste Sau-Preis, über den i mi freu!«

Ein Deutscher, ein Franzose und ein Schotte gehen einen trinken. Dummerweise schwimmt in allen drei Weingläsern eine Fliege. Der Deutsche fischt die Fliege raus und trinkt weiter. Der Franzose verzieht angewidert das Gesicht und bestellt sofort ein neues Glas. Und was macht der Schotte?

Er holt die Fliege aus dem Glas, packt sie fest an den kleinen Flügeln und brüllt wütend: »Das spuckst du gefälligst wieder aus!«

☺

Wieso sammeln die Kärntner Zwetschgenkerne?
Sie wollen ein Kernkraftwerk bauen!

☺

Welcher Nation gehörte die Gletscherleiche Ötzi an? Österreicher kann er nicht gewesen sein – man hat Hirn gefunden. Italiener kann er auch nicht gewesen sein – er hatte Werkzeug dabei. Vielleicht war er ein Schweizer, weil er vom Gletscher überholt wurde. Aber wahrscheinlich war er Deutscher, denn wer geht sonst mit Sandalen ins Hochgebirge?

☺

Ein Kreuzfahrtschiff verunglückt mitten auf dem Ozean. Nachdem die Frauen und Kinder mit den Rettungsbooten in Sicherheit gebracht wurden, sind für die männlichen Passagiere nur noch Schwimmwesten übrig. Jeder bekommt eine und soll springen, aber keiner traut sich. Die Crew ist verzweifelt. Schließlich rufen sie den Kapitän. Dieser geht zu der Gruppe Männer und redet auf jeden einzelnen ein. Dabei springt einer nach dem anderen über Bord. Als alle Passagiere im Wasser sind, fragt ein Crewmitglied den Kapitän, wie er die Leute denn überreden konnte.

»Das war ganz einfach«, antwortet dieser. »Zu den Deutschen habe ich gesagt, es ist ein Befehl. Zu den Franzosen habe ich gesagt, sie tun es fürs Vaterland. Den Japanern habe ich versprochen, dass es gut für die Potenz wäre. Und den Italienern habe ich gesagt, Springen sei verboten.«

Wie wurde das Jodeln erfunden?
Zwei Japaner waren auf einer Bergtour. Plötzlich fiel ihr Radio in eine Schlucht. Meinte der eine Japaner zum anderen: »Holidiladio odel holdudiladio?«

Kommt ein Grieche auf die Sparta Bank: »Ich möchte bei Ihnen ein Gyroskonto eröffnen.«
Darauf der Bankangestellte: »Das ist bei uns aber nicht Ouzo.«

Ein Engländer, ein Franzose und ein Deutscher streiten sich darüber, wer die schwierigste Aussprache hat.

Der Engländer sagt: »Wir schreiben *Birmingham* und sagen Börminghäm!«

Der Franzose hält dagegen: »Wir schreiben *Bordeaux* und sagen Bordo.«

Darauf der Deutsche: »Ist doch alles nichts! Wir schreiben *Wie bitte* und sagen Hä!«

Kommt ein Mann in die Bank, hält sich eine Pistole an die Schläfe und schreit: »Geld her, das ist ein Überfall!«

Darauf der Kassierer: »Ich nehme an, Sie wollen Schillinge?«

Ein Ami und ein Japaner streiten sich. Bald schon fliegen die Fäuste und – zack – der Ami liegt am Boden.

»Was war denn das?«, fragt er seinen Gegner.

»Das kommt aus meiner Heimat, das war Karate«, antwortet der Japaner.

Sie raufen weiter, nach ein paar Sekunden liegt der Ami wieder auf dem Boden.

»Das kommt auch aus meiner Heimat, das war Judo«, sagt der Japaner.

Die Prügelei geht weiter, auf einmal liegt der Japaner auf dem Boden.

»Was war denn das?«, fragt dieser erstaunt, als er wieder zu sich kommt.

»Das kommt auch aus deiner Heimat«, antwortet der Ami, »das war ein Wagenheber von Toyota …«

Was sind die dünnsten Bücher der Welt?
Italienische Helden, Britische Kochkunst, Amerikanische Kulturgeschichte und Österreichische Nobelpreisträger.

Warum trinkt der Schotte Whisky, der Russe Wodka, der Italiener Wein und der Deutsche Bier?
Damit man die einzelnen Völker an der Fahne erkennen kann!

Wie nennt ein Schwabe ein Schweinchen, das um Hilfe ruft?
Notrufsäule!

Kurti macht eine Tour durch den Mittleren Westen der USA. In einer kleinen Kneipe am Rande des Highway macht er Pause und bestellt sich einen Drink. Dann zündet er sich genüsslich eine Zigarre an und bläst ein paar Ringe aus Rauch.
Plötzlich klopft ihm jemand auf die Schulter. Kurti dreht sich um, und vor ihm steht ein wütender Indianer, der

sagt: »Noch so ein dummer Spruch, und ich hau dir ein paar aufs Maul!«

»Wie wurde Österreich erschaffen?
Der liebe Gott saß auf der Zugspitze und schnitzte sich die Menschen. Alles was ihm nicht gefiel, warf er über die Schulter nach hinten!

Woran erkennt man, dass die Holländer in die Raumfahrt einsteigen wollen?
Am Space Shuttle wird eine Anhängerkupplung montiert.

Ein Ostfriese wandert nach Kanada aus und will sich dort seinen Lebensunterhalt als Holzfäller verdienen. Er kauft sich eine Säge, ist jedoch prompt am nächsten Tag wieder im Geschäft und beschwert sich beim Verkäufer: »Ich habe gestern diese Säge bei Ihnen gekauft. Man hat mir gesagt, dass ich damit locker 20 Bäume am Tag fällen kann – ich habe aber nur einen geschafft!«
Daraufhin startet der Verkäufer die Motorsäge. Der Ostfriese verdutzt: »Nanu, was ist denn das für ein Geräusch?«

Wie sieht die österreichische Kriegsflagge aus?
Weißer Adler auf weißem Grund.

Warum haben ostfriesische Polizisten immer eine Schere mit dabei?
Damit sie den Verbrechern jederzeit den Weg abschneiden können.

Der Bundeskanzler aus Österreich ruft bei Angela Merkel an und beschwert sich: »Immer lacht ihr Deutschen über uns Österreicher. Könnt ihr nicht mal was ganz Dummes machen, damit wir auch mal über euch lachen können?!«
Angela Merkel tun die Österreicher leid, deshalb willigt sie ein und lässt mitten auf dem flachen Land eine große Brücke bauen. Als die Österreicher davon Wind bekommen, lachen sie die Deutschen aus: »Mei, sind die Deutschen dumm! Bauen einfach eine Brücke, dabei gibt's da weder Fluss noch See noch Tal!«
Nach ein paar Tagen ruft der österreichische Bundeskanzler wieder bei Angela Merkel an und bedankt sich: »Das war wirklich spitze – so gut haben wir uns schon lange nicht mehr amüsiert. Aber jetzt könnt ihr die Brücke wieder abreißen.«
Antwortet Angela Merkel: »Das würden wir ja gerne, geht aber nicht. Auf der Brücke sitzen lauter Österreicher und angeln!«

Warum wurde in England die Todesstrafe abgeschafft?
Weil die Verurteilten schon bei der Henkersmahlzeit gestorben sind.

☺

Was sucht ein einarmiger Österreicher in London?
Einen Secondhandshop.

☺

Heinrich macht zum ersten Mal Urlaub in New York. In einer Bar bestellt er beim übelgelaunten Barkeeper einen Manhattan. Der Barkeeper erwidert unwirsch etwas, das Heinrich nicht versteht, und stellt ihm kurze Zeit später ein Cocktailglas mit seinem Manhattan vor die Nase. Darin schwimmt ein Stückchen Petersilie.
»Guter Mann, was soll das denn sein? In einen Manhattan gehört doch keine Petersilie!«, empört sich Heinrich.
Antwortet der Barkeeper: »Das da ist der Central Park!«

☺

Warum sägen Ostfriesen die Beine ihrer Betten ab?
Damit sie tiefer schlafen.

☺

Ein Ehepaar aus Österreich macht zur Silbernen Hochzeit eine Donaukreuzfahrt. Nachdem sie ihr Gepäck verstaut haben, spricht die Ehefrau den Kabinensteward an:

»Unglaublich, was alles in die kleinen Wandschränke passt!«

Der Steward wundert sich, überlegt kurz und meint dann mit vor Schreck geweiteten Augen: »Das ist kein Wandschrank, sondern ein Bullauge!«

Was denkt ein Pole, wofür BMW steht?
Bald mein Wagen.

Warum ist die österreichische Flagge rot-weiß-rot?
Damit sie keiner verkehrtrum aufhängen kann!

Lebensende mit
drei Buchstaben? EHE!

Das Schiff hat nach längerer Seereise im Hafen angelegt, und alle Matrosen eilen schnurstracks von Bord – bis auf einen.

Da fragt ihn der Kapitän: »Nanu, sind Sie der Einzige, der hier keine Frau hat?«

»Im Gegenteil, ich bin der Einzige, der hier eine hat!«

»Schatz«, keucht Karl, als ihm seine frisch angetraute Frau das erste Mittagessen vorsetzt, »ich glaube, du hast ein bisschen zu viel Salz an die Muffins getan.«

»Muffins?!«, schluchzt sie. »Das sind Frikadellen!«

»Sag mal, kennst du die Sieben Weltwunder?«

»Nein, ich kenne nur eins, und das ist der erste Mann meiner Frau.«

Nach ein paar Jahren Ehe wird es der Frau des fußballverrückten Herberts zu bunt.

»Sag mal, Herbert, gibt es für dich eigentlich gar nichts anderes als Schalke?«, wettert sie sauer. »Jetzt hast du

schon wieder meinen Geburtstag vergessen. Ich wette, du weißt nicht einmal, wann wir geheiratet haben!«
»Da irrst du dich, mein Schatz«, entgegnet Herbert. »Das war, als wir in Nürnberg 4:2 gewonnen haben!«

Die temperamentvolle Maria und der aufbrausende Peter sind erst seit kurzem verheiratet. In ihrer Ehe geht es äußerst turbulent zu. Als die beiden eines Abends in einem feinen Restaurant essen, lässt der Kellner plötzlich das Tablett mit dem Geschirr fallen, und die Scherben klirren.
»Hör mal«, meint Peter lächelnd, »sie spielen unser Lied!«

Zwei Freundinnen unterhalten sich.
»Sei doch froh, dass du endlich geschieden bist.«
»Bin ich ja auch. Aber trotzdem ärgert es mich, dass er die andere nun doch nicht heiraten will.«
»Wieso denn das?«
»Denkst du, ich gönne ihm die Freiheit?«

»Hans, nachdem unsere Tochter jetzt zum Studieren in eine andere Stadt zieht und wir sie unterstützen, müssen wir jetzt wirklich sparen. Ich schlage vor, du trinkst kein Bier mehr, und ich gewöhne dir das Rauchen ab.«

»Es ist doch immer wieder erstaunlich, dass die tollsten Frauen immer mit den größten Deppen zusammen sind«, meint Hans kopfschüttelnd.

Darauf entgegnet seine Freundin: »Ach Schatz, das ist das schönste Kompliment seit langem!«

Herr Schneider stolziert nach dem Duschen im Adamskostüm ins Schlafzimmer, wo seine Frau gerade aufräumt.

»Inge!«, ruft er entrüstet. »Zieh doch die Vorhänge zu, die Nachbarin kann mich nackt sehen!«

Darauf Inge schnippisch: »Keine Angst, Schatz. Wenn sie dich sieht, macht sie die Vorhänge schon selbst zu!«

Fabian wacht nach einer durchzechten Nacht mit einem furchtbaren Kater auf. Auf dem Nachttischchen findet er eine Kopfschmerztablette und ein Glas Wasser. Daneben liegt ein kleiner Zettel, auf dem steht: »Liebling, das Frühstück steht in der Küche, ich bin nur kurz einkaufen. Ich liebe dich!«

Fabian nimmt eine Tablette und schleppt sich in die Küche. Dort findet er einen liebevoll gedeckten Frühstückstisch vor, die Tageszeitung liegt für ihn bereit, und sein Sohn sitzt in aller Seelenruhe da und isst.

Fabian fragt ihn: »Sag mal, Matthias, was ist gestern eigentlich passiert?«

»Ach Papa, du bist mitten in der Nacht heimgekommen

und warst total besoffen. Du hast die Garderobe zerstört, in den Flur gekotzt und dir am Türstock den Kopf gestoßen.«

»Aber warum ist dann hier alles so aufgeräumt und das Frühstück vorbereitet?«, fragt Fabian verwirrt.

»Ach das!«, antwortet ihm Matthias. »Mama hat dich ins Schlafzimmer gebracht und aufs Bett gewuchtet. Aber als sie versuchte, dich auszuziehen, hast du gesagt: ›Hände weg, mein Fräulein, ich bin glücklich verheiratet!‹«

Die Lehmanns sind zu einem Geburtstag eingeladen. Als nur Herr Lehmann dort auftaucht, fragt ihn die Gastgeberin:

»Nanu, Herr Lehmann, sind Sie ganz alleine gekommen?«

»Meine Frau hat schlechte Laune«, antwortet Herr Lehmann.

»Aber warum denn das?«

»Na weil ich sie nicht mitgenommen habe!«

»Julian, wirst du mich auch dann noch lieben, wenn ich alt und hässlich bin?«

»Aber Liebling, das tue ich doch schon jetzt!«

Ein verliebtes Paar im Mondschein. Der junge Mann flötet seiner Angebeteten ins Ohr: »Wenn wir erst verheiratet sind, dann werde ich alle Sorgen mit dir teilen!«

»Ach Schatz, das ist ja so lieb von dir. Aber ich habe doch gar keine Sorgen!«

»Aber ich sagte doch: wenn wir erst verheiratet sind!«

»Herr Schneider, ich möchte gerne meine Freundin heiraten und eine Familie gründen, und deshalb brauche ich eine Gehaltserhöhung«, sagt Kurt zu seinem Chef.

»Lieber Herr Peters, das ist vollkommen ausgeschlossen. Ich weiß zwar, dass Ihr Gehalt nicht zum Heiraten reicht, aber glauben Sie mir, eines Tages werden Sie mir dafür dankbar sein!«

Im Paradies fragt Adam den lieben Gott: »Warum hast du Eva so hübsch gemacht?«

»Damit sie dir gefällt!«

»Und warum hast du ihr so einen aufrichtigen, netten Charakter gegeben?«

»Damit du dich in sie verliebst.«

»Und warum hast du sie so dumm gemacht?«

»Damit sie dich nimmt!«

Gerlinde kommt etwas früher von ihrem Strickkurs nach Hause und überrascht prompt ihren Mann mit der Nachbarin, die es sich im Bett mit einer Flasche Sekt gemütlich gemacht haben.

»Manfred!«, schimpft sie entsetzt. »Da lässt man dich mal einen Abend alleine, und schon fängst du an zu saufen!«

»Du, Mama, warum hast du eigentlich Papa geheiratet?«
»Da hast du's, Rudi, nicht mal das Kind versteht es!«

Herr Höller kommt mit einem beträchtlichen Schwips in den Schnapsladen. Er lehnt sich schwerfällig über den Tresen und meint zum Verkäufer: »Ich hädde gerne ne Flasche Schnabbs … Ich weisss nich mehr, wie der heissst – aber es war die Marke, bei der meine Olle zu Hause nach ein paar Gläsern aussieht wie Claudia Schiffer!«

Britta legt ihrem Mann einen Arm um die Schulter und säuselt in sein Ohr: »Du, Schatzi, ich brauche ein bisschen Kleingeld zum Einkaufen. Könntest du mir diesen Zwanziger in einen Hunderter wechseln?«

Ehepaar Schneider ist auf einer rauschenden Geburtstags-feier eines Freundes eingeladen. Als die Stimmung auf dem Höhepunkt ist, nehmen sie ihre Mäntel und wollen gehen. Der verdutzte Gastgeber versucht sie natürlich zu überreden, noch ein bisschen zu bleiben. Darauf erklärt Ehepaar Schneider: »Ja, es war wirklich ein toller Abend. Aber jetzt müssen wir nach Hause. Wir haben heute noch einen langen Streit vor uns!«

Der Wirt zu seinem Gast: »Seit Ihre Frau gestorben ist, verbringen Sie mehr Zeit hier als zu Hause.«
»Wissen Sie, ich versuche meinen Kummer im Alkohol zu ertränken«, antwortet der Gast.
»Aber wie lange soll denn das noch weitergehen?«, erwidert der Wirt mitleidig.
»Ach, ich bin untröstlich.«

Susi und ihr Freund Manfred sind mit dem Auto unter-wegs und fahren schon das zweite Mal um den Block auf der Suche nach einem Parkplatz. Allmählich ist Manfred genervt. Da spottet Susi: »Das ist ja wieder mal typisch – alle anderen haben einen Parkplatz gefunden, nur du nicht!«

Herr Müller kommt ins Wohnzimmer und schnappt sich seine Frau.

»Liebling«, meint er, »wollen wir uns beide heute einen schönen Tag machen?«

»Oh, das klingt wirklich verlockend!«, antwortet Frau Müller entzückt.

»Gut, dann fährst du zu deiner Mutter und ich geh in die Kneipe!«

Der Fernsehfilm ist endlich zu Ende. Sagt der Ehemann zu seiner Frau: »Am besten hat mir die Stelle gefallen, als du Bier und Chips gebracht hast.«

»Gestern Abend hatte ich einen Riesenstreit mit meiner Frau. Haben Sie davon etwas mitbekommen?«, fragt ein Nachbar den anderen.

»Oh ja«, bestätigt der, »wir konnten jedes Wort von Ihrer Frau verstehen!«

Ehekrach bei den Hubers. Beide werfen mit Geschirr. Als der Küchenschrank leer ist, greift Frau Huber zum vollen Bierkasten. Da ruft ihr Mann: »Halt, halt! Wer wird denn hier gleich böse werden?«

»Liebling, was meinst du? Ich würde zum Ball gerne das neue Kleid von Jil Sander anziehen«, meint Frau Neureich zu ihrem Gatten.
»Na, wenn sie's dir leiht, warum nicht?«

Melanie fragt ihre Arbeitskollegin Susi beim Mittagessen: »Sag mal, warum trägst du eigentlich deine neue Brille nur auf der Arbeit und nimmst sie jeden Abend ab, wenn dein Freund dich abholt?«
Darauf Susi verlegen: »Na ja, weißt du, er findet mich ohne Brille einfach hübscher – und ich ihn auch …«

Das frischverheiratete Ehepaar hat seinen ersten handfesten Krach hinter sich gebracht. Nach ein paar Stunden kommt der junge Ehemann zerknirscht zu seiner Frau: »Liebste, am besten wir breiten einen Mantel des Schweigens über die ganze Angelegenheit.«
»Einen Mantel des Schweigens!«, gibt seine Angetraute schnippisch zurück. »Ein Nerzmantel wäre wohl das mindeste!«

Julius ist bis über beide Ohren verliebt und verabschiedet sich nach einer romantischen Nacht von seiner Angebeteten: »Ach, die große Liebe ist wirklich noch schöner, als man denkt!«

»Sicher, sicher«, antwortet sie, »das kann ja sein. Aber mit dir ist es auch ganz nett!«

Die kleine Sabine schaut ihrer Mutter zu, die sich gerade ausgehfein macht: »Mutti, das ist aber ein schönes Kleid, das du da anhast. Hat Vati dir das geschenkt?«
»Nein, Sabine, das habe ich mir selbst gekauft«, sagt die Mutter. »Wenn ich mich auf Vati verlassen müsste, hätte ich nicht mal dich!«

Nach der Trauung nimmt die Braut ihre Mutter zur Seite: »Du, Mama, hat man mir angemerkt, dass ich ganz schrecklich nervös war?«
Antwortet die Mutter: »Nur am Anfang, aber nachdem Klaus das Jawort gegeben hat, warst du wieder ganz ruhig!«

»Liebste«, flötet Bert seine Britta an, »ich kann es gar nicht erwarten, dass wir endlich heiraten.«
»Aber Bert, du weißt doch, dass ich Nymphomanin bin«, sagt Britta darauf.
»Na und! Wer fragt denn heute noch nach der Religion!«

Nach langer Zeit kreuzt die flotte Susi mal wieder bei ihren Eltern auf. Diese sind beeindruckt von ihrem Sport-flitzer und den teuren Kleidern. Die Mutter fragt neugie-rig: »Susi, das freut mich aber, dass es dir so gut geht. Was machst du denn so?«

»Ich mache Vertretung«, antwortet Susi.

»Und wen vertrittst du da so?«, hakt die Mutter nach.

»Was eben so anfällt – Ehefrauen, Freundinnen …«

Frau Müller im Supermarkt zur Verkäuferin: »Ich brau-che für meinen Mann Äpfel – sind diese hier mit Gift ge-spritzt?«

»Nein, das müssen Sie schon noch selber machen!«

Zwei Freundinnen treffen sich nach mehr als 20 Jahren wieder.

Fragt die eine: »Mensch, Erna, wie geht es denn deinem kleinen Sohn?«

»Von wegen kleiner Sohn«, sagt Erna, »der ist inzwischen verheiratet, aber muss den ganzen Haushalt schmeißen – putzen, abwaschen, kochen. Aber wie geht's denn deiner Tochter?«

»Ach super, die hat einen tollen Mann erwischt, der putzt, wäscht ab und kocht!«

Treffen sich zwei Freundinnen beim Kaffeekränzchen. Die eine bewundert das ausgefallene Kleid der anderen. Diese darauf: »Dankeschön, das ist ja auch aus der neuen Boutique – der vorletzte Schrei!«
»Aber wieso denn vorletzter Schrei?«, kichert die andere.
»Den letzten Schrei hat mein Mann beim Bezahlen ausgestoßen!«

Samstagabend nach der Ziehung der Lottozahlen springt Else plötzlich auf, jubelt und ruft: »Liebling, pack deine Sachen, ich hab gewonnen!«
Darauf ihr Mann: »Super! Geht's in den Süden oder in die Berge?«
Else: »Ist mir egal. Hauptsache, du verschwindest so schnell wie möglich!«

Nachdem Birte den Heiratsantrag ihres Freundes freudestrahlend angenommen hat, fragt sie ihn: »Liebend gern werde ich deine Frau, aber verdienst du auch so viel, dass du eine Frau ernähren kannst?«
»Aber natürlich, mein Häschen!«, antwortet dieser stolz. »Ich verdiene so viel, dass ich sogar zwei Frauen ernähren könnte!«
»Wunderbar!«, jubelt Birte da. »Dann kann meine Mutter ja auch bei uns einziehen!«

Die Jungvermählten sitzen nach der Hochzeitsnacht beim Frühstück, als die junge Ehefrau plötzlich anfängt zu weinen.

»Aber Schatzilein«, versucht ihr Mann, sie zu beruhigen, »warum weinst du denn? Hat dir unsere erste gemeinsame Nacht nicht gefallen?«

Da schluchzt sie: »Das schon. Aber was, wenn ich jetzt vier Kinder auf einmal kriege!«

Auf der Beerdigung ihres Mannes weint Frau Schneider: »Das Einzige, was mich tröstet, ist, dass mein lieber Mann nicht lange leiden musste!«

Darauf einer der Trauergäste: »Dann waren Sie wohl noch nicht so lange verheiratet?«

Es klingelt. Klaus öffnet die Tür und seine neue Freundin steht davor.

»Schatz, ich komme gerade vom Frauenarzt. Ich habe einen Schwangerschaftstest machen lassen«, sagt sie.

»Und?«, fragt Klaus ängstlich.

»Na, willst du uns nicht hereinbitten?«

Erich ist Staubsaugervertreter und die ganze Woche unterwegs. Nur die Wochenenden verbringt er bei seiner jungen Frau.

Eines Samstagnachts wacht er im Ehebett plötzlich auf und schreit: »Ich höre Schritte. Das muss dein Mann sein!«

Seine Ehefrau murmelt verschlafen: »Beruhig dich. Das kann gar nicht sein. Der ist auf Geschäftsreise.«

Was ist der Unterschied zwischen einem glücklichen Ehemann und einem unglücklichen Ehemann?

Der glückliche Ehemann hat ein trautes Heim, der unglückliche Ehemann traut sich nicht heim!

Horst schimpft: »Bei diesem Sauwetter soll ich einkaufen gehen? Da schickt man ja keinen Hund auf die Straße!«

Darauf seine Frau ungerührt: »Ich habe ja auch nicht gesagt, dass du den Hund mitnehmen sollst!«

Manni berichtet am Stammtisch seinen Kumpanen: »Immer wenn ich zu viel getrunken habe, spricht meine Frau drei Tage lang kein Wort mit mir.«

»Und wie oft trinkst du zu viel?«, will einer seiner Tischnachbarn wissen.

»Na, alle drei Tage!«

Ehepaar Hohlmann sitzt beim Essen. Plötzlich fällt Frau Hohlmann auf, dass ihr Mann versucht, sein Essen an den Hund weiterzugeben.

»Ernst, koche ich so schlecht, dass du jetzt schon dein Essen an den Hund verfüttern willst?!«

»Aber nein, Luise. Ich will es doch nicht an ihn verfüttern, ich will doch nur mit ihm tauschen!«

Lothar besucht mit seiner frisch angetrauten Frau den Fotografen, um die Hochzeitsfotos zu sichten. Sie gehen alle Bilder durch, als Lothar plötzlich sagt: »Was sind Sie denn für ein Stümper?! Meine Frau ist ja auf keinem Bild scharf!«

Darauf der Fotograf: »Ja, aber das ist nun wirklich nicht mein Problem!«

Elfriede besucht eine Wahrsagerin. Die schaut in ihre Kristallkugel und schreckt plötzlich zurück: »Oh je, ich sehe eine wahre Tragödie – Ihr Mann wird sterben.«

»Ja, das weiß ich schon«, entgegnet Elfriede darauf, »aber ich will wissen, ob sie mich schnappen werden!«

Frieda und Moritz wollen heiraten und warten im Vorzimmer des Standesbeamten. Nach einer halben Stunde wird es Frieda zu bunt. Sie klopft an die Tür und ruft:

»Wie lange müssen wir denn noch warten? Mein Verlobter wird nämlich schon ganz nachdenklich!«

Zur goldenen Hochzeit kommt der Lokalreporter zum Ehepaar Müller und fragt sie nach dem Geheimnis ihrer glücklichen Ehe.
»Das ist ganz einfach, junger Freund«, sagt Herr Müller. »Zweimal in der Woche ausgehen, eine flotte Sohle aufs Parkett legen und danach eine heiße Nacht im Hotel. So bleibt die Beziehung aufregend.«
Da staunt der Reporter: »Respekt. Und an welchen Tagen tun Sie das?«
»Meine Frau dienstags und ich immer donnerstags.«

Treffen sich zwei Freunde. Fragt der eine: »Ging denn deine Scheidung glimpflich über die Bühne?«
Darauf der Geschiedene: »Ich hatte richtig Glück. Der Richter war der erste Mann meiner Frau!«

Franz schreit seine junge, hübsche Frau an: »Du willst mir doch wohl nicht weismachen, dass meine Eifersucht unbegründet ist?!«
Da schluchzt seine Frau: »Nein, aber du verdächtigst doch den Falschen!«

Treffen sich zwei alte Freunde in der Kneipe.

»Mensch, Erwin, dein Sohn ist doch jetzt schon bestimmt vier Jahre mit der Susanne zusammen. Meinst du nicht, dass es langsam an der Zeit ist, dass die beiden heiraten?«, fragt der eine den anderen.

»Wieso? Ich gönn ihnen noch ein paar glückliche Jährchen!«

»Sag mal, Liebling«, fragt Frau Müller ihren Mann, »was würdest du denn tun, wenn ich plötzlich sterben würde?«

»Schatz, ich würde verrückt werden vor Kummer!«, antwortet Herr Müller.

»Und würdest du denn auch noch mal heiraten?«, hakt Frau Müller nach.

»Na, so verrückt auch wieder nicht!«

Die junge Elsa geht mit dem Kinderwagen spazieren. Da trifft sie eine Bekannte.

»Was für ein süßes Kind!«, ruft diese. »Und wie es Ihrem Mann ähnlich sieht!«

»Tatsächlich?«, sagt Elsa erstaunt. »Das ist nämlich das Kind unserer Nachbarin.«

»Kennen Sie schon meine Schwiegermutter?«, fragt der Bräutigam auf der Hochzeit einen Gast.

»Oh ja, ich hatte schon das Vergnügen!«, antwortet dieser.

»Vergnügen?«, lacht der Bräutigam. »Dann war es bestimmt nicht meine Schwiegermutter!«

Lucy hatte gehofft, mit ihrem Gatten eine gute Partie zu machen. Entsetzt stellt sie kurz nach der Hochzeit fest, dass er ein armer Schlucker ist. Sie stellt ihn zur Rede: »Ich dachte, du wärst reich! Und jetzt erst erfahre ich, dass du gar nichts hast!«

Darauf ihr frischgebackener Ehemann: »Aber Liebling, sei ehrlich, ich habe dir immer gesagt, du bist mein Ein und Alles!«

Zwei Männer unterhalten sich.

»In der Zeitung habe ich gelesen, dass verheiratete Männer länger leben als Junggesellen«, erzählt der eine.

»Das glaube ich nicht«, widerspricht der andere. »Denen kommt das Leben nur länger vor!«

Zu mir oder zu dir?

Zu später Stunde torkelt Hans völlig betrunken in eine Kneipe. Nur noch eine einzige Frau, eine hübsche Blondine, sitzt an der Bar. Hans wankt zu ihr hin und gibt ihr einfach einen Kuss. Die Blondine springt völlig entsetzt auf, reißt sich los und gibt Hans eine schallende Ohrfeige.

»En'schuldigun'«, lallt Hans und reibt sich die Backe. »Aber Sie sehn genauso aus wie meine Frau.«

Die Blondine schreit ihn an: »Lass mich in Ruhe, du widerlicher, stinkender Säufer!«

»Und Sie hörn sich auch genauso an …«

Zwei Freundinnen unter sich: »Du, mit welchem Kleid hast du eigentlich den größten Erfolg bei den Männern?« »Immer mit dem, das ich nicht anhabe!«

Ein Mann sitzt in einem rappelvollen Flugzeug. Nur der Platz neben ihm ist noch frei. Da kommt durch den Gang eine bildhübsche Frau und setzt sich neben ihn. Der Mann denkt sich *Jetzt oder nie* und spricht sie an.

»Entschuldigung!«, sagt er. »Warum fliegen Sie nach Berlin?«

Darauf antwortet die hübsche Unbekannte: »Ich bin Sexualwissenschaftlerin und fliege zum Sex-Kongress!

Ich werde dort einen Vortrag halten und mit einigen Vorurteilen aufräumen. Viele Leute glauben zum Beispiel, die Schweden seien besonders prächtig ausgestattet, dabei sind es eher die amerikanischen Ureinwohner, bei denen dies der Fall ist. Und viele glauben, Franzosen seien die besten Liebhaber. Dabei bereiten die Griechen ihren Frauen den meisten Spaß im Bett ... Aber wie unhöflich von mir – ich habe mich ja noch gar nicht vorgestellt. Ich heiße Sabine – und Sie?«

Der Mann streckt die Hand aus. »Winnetou!«, sagt er. »Winnetou Papadopoulos!«

Es ist zwei Uhr nachts und Herr Müller wartet immer noch auf seine Tochter, die schon vor ein paar Stunden von ihrem Verehrer hätte nach Hause gebracht werden sollen. Als es endlich klingelt, stürmt er zur Tür, reißt sie auf und brüllt: »Junger Mann, Sie haben mir versprochen, meine Tochter um elf Uhr nach Hause zu bringen!«

»Ja, was regen Sie sich denn so auf?«, fragt der Verehrer achselzuckend.

»Warum ich mich so aufrege? Ja hören Sie mal, erstens ist es jetzt schon zwei Uhr nachts und zweitens ist das gar nicht meine Tochter!«

Eine hübsche junge Dame sitzt allein in einer schummrigen Bar. Werner, der sich endlich ein Herz gefasst hat, kommt herüber und fragt sie schüchtern: »Verzeihen Sie, darf ich Sie auf ein Getränk einladen?«

»Waas, ins Hotel?!«, schreit die hübsche Dame auf.

»Nein, nein, das ist ein Missverständnis! Ich wollte Sie nur auf ein Getränk einladen!«, versucht Werner einzulenken.

»Waas, ins Hotel?!«, kommt es wieder laut zurück. Die anderen Gäste werfen Werner schon missbilligende Blicke zu, deshalb zieht er sich peinlich berührt ins hinterste Eck der Bar zurück.

Nach kurzer Zeit kommt die junge Dame zu ihm: »Entschuldigen Sie bitte die Szene von vorhin, aber ich studiere Psychologie und untersuche gerade die menschlichen Verhaltensweisen in unerwarteten Situationen.«

Werner sieht sie an und schreit dann mit großer Empörung durch die ganze Bar: »Waas, 250 Euro?!«

Hannes tanzt in der Disko die hübsche Claudia an: »Hey Süße, sag mal, wie wär's mit 'nem Cocktail und danach 'ner schnellen Nummer bei mir zu Hause?«

Daraufhin gibt Claudia ihm eine schallende Ohrfeige.

Hannes reibt sich die schmerzende Wange: »Mensch, was ist denn los? Magst wohl keinen Cocktail …«

Fritzi spricht in der Kneipe eine attraktive Frau an: »Na Süße, wie wär's denn mit uns beiden?«

»Unverschämter Kerl«, giftet die Frau ihn an, »was erlauben Sie sich denn? Sie glauben wohl, Sie können mich einfach so anbaggern, bloß weil mein Mann heute verreist ist und ich in meiner Wohnung in der Stubenlohstraße 5, zweiter Stock, ganz alleine bin!«

In einem Straßencafé hat Helge eine hübsche Dame entdeckt und will mit ihr ins Gespräch kommen. Er setzt sich an den Nebentisch und bestellt eine Tasse Kaffee für sie. Darauf meint die Frau lächelnd: »Sie glauben doch wohl nicht, dass Sie mich durch eine Tasse Kaffee erobern können?«

Ruft Helge: »Herr Ober, bitte ein Kännchen!«

Die Top Ten der witzigsten Anmachsprüche

Sag mal, tun dir deine Füße eigentlich nicht weh? Du gehst mir nämlich schon den ganzen Abend durch den Kopf!

Ich bin vom ADAC, und heute Abend würde ich dich gerne abschleppen!

Glaubst du an Liebe auf den ersten Blick – oder soll ich noch mal reinkommen?

Ich bin neu in der Stadt. Könntest du mir den Weg zu deiner Wohnung zeigen?

Ich habe meine Telefonnummer verloren. Gibst du mir deine?

Was für Computer-Freaks: Du machst meine Software zur Hardware!

☺

»Du siehst meiner vierten Freundin ähnlich.«
»Wieso? Wieviele hattest du denn?«
»Drei«

☺

Du hast wunderschöne Augen. Die passen einfach super zu meiner Bettwäsche!

☺

Entschuldigung, aber kann es sein, dass du Wasser in den Beinen hast? Meine Rute schlägt nämlich aus ...

☺

Du siehst echt müde aus. Komm, ich bring dich ins Bett!

»Herr Ober, Herr Ober …«

Entsetzt starrt Herr Lehmann auf das Gericht, das ihm der Ober gerade serviert hat: »Holen Sie bitte sofort den Geschäftsführer, diesen Fraß esse ich bestimmt nicht!« Darauf der Ober: »Das hat keinen Zweck. Er isst das auch nicht!«

»Herr Ober, ist das eigentlich Kaffee oder Tee, was Sie mir serviert haben?«
»Wonach schmeckt es denn, mein Herr?«
»Es ist eine ungenießbare Plörre, die nach Spülwasser schmeckt!«
»Dann ist es Kakao!«

Ede steht in der Imbissbude und beschwert sich lautstark. Da kommt der Chef und fragt nach: »Was passt Ihnen denn nicht an der Wurst?«
Darauf Ede: »Die Zipfel stören mich!«
»Aber jede Wurst hat zwei Zipfel!«
»Ja, aber normalerweise sind die nicht so nah zusammen!«

»Hey, Sie haben ja bei der Rechnung das Datum mit addiert!«, empört sich ein Gast.
»Tja, Zeit ist eben Geld.«

☺

Der Gast fragt: »Was ist denn der Unterschied zwischen dem Schnitzel und dem Schnitzel spezial?«
Darauf der Kellner: »Zum Schnitzel spezial gibt's ein schärferes Messer!«

☺

Fragt ein Kellner den anderen: »Hast du gesehen, was der Gast gerade ins Beschwerdebuch geschrieben hat?«
Antwort: »Er hat gar nichts geschrieben – er hat nur das Schnitzel reingeklebt!«

☺

Julius und sein Freund Gerd kommen aus einem Gasthaus.
»So ein ungenießbarer Fraß, den sie uns da vorgesetzt haben!«, schimpft Julius.
»Ja, du hast vollkommen recht«, stimmt ihm Gerd zu, »und stell dir vor, wenn wir noch länger geblieben wären, hätten wir das auch noch bezahlen müssen!«

☺

Peter sitzt im Restaurant und freut sich auf das Essen. Als der Ober ihm sein Steak bringt, ist er enttäuscht: »Das ist aber ein kleines Steak, Herr Ober!«

Darauf der Ober entschuldigend: »Ja, das stimmt, mein Herr. Aber Sie werden lange genug dran kauen!«

Der Chefkoch lässt die blonde Kellnerin zu sich kommen. »Sagen Sie mal, wieso haben Sie denn Sp*ei*nat auf die Speisekarte geschrieben?«

»Sie haben doch selber gesagt, ich soll Spinat mit Ei schreiben!«

Kurt bestellt sich ein Bier. Obwohl er schon ziemlich angetrunken ist, bringt der Wirt ihm eins und stellt es mit einem Bierdeckel auf den Tisch. Nach kurzer Zeit bestellt Kurt wieder ein Bier. Der Wirt bringt es, aber der Bierdeckel ist weg, also legt er einen neuen unter das Glas. Es dauert nicht lange, da bestellt Kurt ein neues Bier. Wieder ist der Bierdeckel weg – wieder legt der Wirt einen neuen hin. Schließlich bestellt Kurt total betrunken das vierte Mal ein Bier, aber wieder ist der Bierdeckel weg – der Wirt hat die Nase voll und legt keinen neuen unter das Bier. Da fragt Kurt plötzlich: »Wo bleibt denn der Keks?«

Die Kellnerin tadelnd zum Frühstücksgast: »Sie haben ja Ihren Kaffee auf dem Tischtuch verschüttet!«
Darauf der Gast: »Das ist wirklich nicht meine Schuld. Der Kaffee war so schwach, dass er von alleine umgekippt ist!«

»Herr Ober, was gibt's denn heute als Tagesmenü?«
»Flambierte Garnelensuppe, flambiertes Rinderfilet und flambiertes Erdbeereis.«
»Nanu, warum wird denn heute alles flambiert?«
»Die Küche brennt.«

Herr Hirsch beschwert sich beim Kellner im Nobelrestaurant: »Herr Ober, ich warte jetzt seit einer Stunde auf mein 5-Minuten-Steak!«
Darauf der Kellner: »Na, zum Glück haben Sie nicht die Tagessuppe genommen …«

Nachdem er abserviert hat, fragt der Kellner den Gast:
»Und, hat es Ihnen geschmeckt?«
»Nun, ich habe schon besser gegessen.«
»Aber sicherlich nicht bei uns!«

Familie Jobst isst im Restaurant. Herr Jobst ist sehr geizig, deshalb sagt er nach dem Essen zum Kellner: »Die Fleischreste packen Sie mir bitte ein, die nehme ich für den Hund mit!«
Da brechen die Kinder in großes Jubeln aus: »Hurra, Papa kauft uns einen Hund!«

Ein elegantes junges Paar speist im Nobelrestaurant. Da tritt der Kellner an den Tisch und wendet sich dezent an die Dame: »Ist es Ihrer Aufmerksamkeit entgangen, dass Ihr Herr Gemahl soeben unter den Tisch gerutscht ist?«
»Nein, nein, gar nicht möglich, mein Gemahl ist nämlich soeben zur Tür hereingekommen.«

Kommt ein Mann in die Kneipe und ruft: »Schnell, einen Doppelten, ehe der Ärger losgeht!«
Er kippt den Doppelten hinunter und sagt: »Noch einen, ehe der Ärger losgeht!«
Nach dem dritten Glas fragt der Wirt: »Was für einen Ärger meinen Sie eigentlich?«
»Ich kann nicht bezahlen!«

Im Restaurant beschwert sich ein Mann: »Herr Ober, mein Essen riecht total nach Schnaps!«
Da tritt der Ober drei Schritte zurück und fragt: »Jetzt immer noch?«

Im Café. Frau Müller beschwert sich: »Mein Kaffee ist kalt!«
Darauf der Kellner: »Gut, dann macht das drei Euro statt zwei Euro!«
»Aber hören Sie mal! Warum das denn?«
»Eiskaffee ist nun mal einen Euro teurer. «

»Herr Ober, das Brot ist steinhart!«
»Im Krieg hätten Sie sich darüber gefreut!«
»Ja, damals war es ja auch noch frisch!«

»Herr Ober, was wollen denn bloß die vielen Leute hier an meinem Tisch?«
»Aber Sie hatten doch einen Auflauf bestellt?«

Im Restaurant zur Goldenen Gabel meint der Kellner zum Gast: »Wenn ich Ihnen die Schnecken empfehlen darf, mein Herr. Das ist die Spezialität unseres Hauses!« »Ja, ja, ich weiß«, antwortet der Gast, »letzte Woche bin ich sogar von einer bedient worden!«

Peter kommt in seine Stammkneipe. Da spricht ihn der Wirt an: »Du hast gestern ein Bier zu wenig gezahlt.« »Das macht aber schnell die Runde,« antwortet Peter, »als ich gestern nach Hause gefahren bin, hat mich die Polizei angehalten und meinte, dass ich wohl ein Bier zu viel getrunken hätte!«

»Was darf es sein? Kaffee, Bier, Mineralwasser, Himbeergeist?«, fragt der Oberkellner in einem Café den Gast. Antwort: »Nein – nein – ja – nein!«

»Herr Ober, ich hätte gerne ein Glas Tomatensaft, Rührei mit Spinat und eine Kartoffelsuppe.« »Aber Sie hatten doch noch gar nicht die Karte.« »Das nicht, aber dafür das Tischtuch!«

Herr Neureich kommt in ein Restaurant, lässt sich vom Ober einen Tisch zeigen. Als er Platz nimmt, entdeckt er einen Fleck auf dem Tischtuch. Empört wendet er sich an den Ober:

»Das ist doch wohl nicht Ihr Ernst, dass ich von dieser schmutzigen Tischdecke essen soll?«

»Nein, nein, mein Herr«, antwortet der Ober, »Sie bekommen selbstverständlich noch einen Teller!«

Die Top Ten der
Fliege-in-der-Suppe-Witze

»Herr Ober, in meiner Suppe schwimmen drei Fliegen!«
»Sorry, aber mit Sport kenne ich mich nicht aus. Vielleicht
machen sie ja Staffelschwimmen.«

»Herr Ober, in meiner Suppe schwimmt eine Fliege!«
»Keine Sorge! Die wird Ihnen nichts wegessen!«

»Herr Ober, in meiner Suppe schwimmt eine Fliege!«
»Keine Sorge, mein Herr! Ich habe gesehen, dass sie sich
vorher in Ihrem Wasserglas gründlich gewaschen hat!«

»Herr Ober, in meiner Suppe schwimmt eine Fliege!«
»Was soll sie sonst tun? Tennis spielen?«

»Herr Ober, in meiner Suppe schwimmt eine Fliege!«
»Nicht so laut, sonst will jeder eine.«

»Herr Ober, in meiner Suppe schwimmt eine Fliege!«
»Na und, soll ich ihr vielleicht einen Rettungsring zuwerfen?«

☺

»Herr Ober, was macht die Fliege in meiner Suppe?«
»Sieht nach Rückenschwimmen aus, mein Herr.«

☺

»Herr Ober, in meiner Suppe schwimmt eine Fliege!«
Der Ober ist entsetzt: »Verzeihen Sie, mein Herr, ich bin untröstlich. Ich werde Ihnen sofort eine neue Suppe bringen. Das Menü geht natürlich auf Kosten des Hauses und erlauben Sie mir noch, Sie im Namen der Geschäftsführung zu einem Cognac einzuladen.«
Der Ober entfernt sich. Darauf eine Stimme vom Nebentisch: »Pssst, Herr Nachbar! Würden Sie wohl die Liebenswürdigkeit besitzen und mir Ihre Fliege leihen?«

☺

»Herr Ober, in meiner Suppe schwimmt eine *tote* Fliege!«
»Unsinn, tote Fliegen können gar nicht schwimmen!«

☺

»Herr Ober, in meiner Suppe schwimmt eine Fliege!«
»Nicht mehr lange. Sehen Sie nicht die Spinne auf Ihrem Löffel?«

☺

Und noch zwei andere Suppen-Witze hinterher:

»Herr Ober, in meiner Suppe schwimmt ein Stück Baum-
rinde!«
»Natürlich, Sie sitzen ja auch am Stammtisch!«

»Herr Ober, in meiner Suppe ist ein Haar!«
»Ja, erwarten Sie für diesen Preis eine ganze Perücke?«

Brotlose Kunst

Empört fragt die Zuschauerin in der Theaterpause eine Platzanweiserin: »Warum telefonieren die Schauspieler denn ständig? Gehört das zum Stück?«
»Nein, ganz und gar nicht. Aber der Souffleur arbeitet heute von zu Hause aus.«

Die ambitionierte Sängerin: »Ich bin enttäuscht, Herr Professor, dass Sie nichts von meiner Stimme halten. Sogar meine Nachbarn raten mir, an der Akademie in Mailand zu studieren.«
Darauf der Professor: »Wenn ich Ihr Nachbar wäre, würde ich Ihnen das auch raten!«

»Wissen Sie«, erklärt die Kundin, »mein Bekannter ist Schriftsteller und für seinen Geburtstag suche ich ein passendes Geschenk.«
»Wie wäre es mit einem Papierkorb?«

An der Staatsoper debütiert ein junger Tenor. Obwohl er seinen Job alles andere als gut macht, jubelt ihm das Publikum nach jeder Arie frenetisch zu und fordert eine Zugabe nach der anderen. Der Tenor ist schon völlig heiser und krächzt nur noch, aber das Publikum jubelt weiter. Herr Müller kann das alles nicht verstehen und fragt seinen unermüdlich applaudierenden Nachbarn: »Finden Sie den Mann wirklich so gut?«

Darauf antwortet dieser: »Nein, überhaupt nicht. Aber heute machen wir ihn fertig!«

Treffen sich zwei mäßig erfolgreiche Künstler. Da erzählt der eine mit stolzgeschwellter Brust: »Meine Ausstellung letzte Woche war wirklich ein voller Erfolg!«

»Ach ja, wie viele Bilder hast du denn verkauft?«

»Kein einziges.«

»Aber wieso freust du dich dann so?«

»Immerhin sind vier Bilder gestohlen worden!«

Ein alternder Schauspieler erzählt von seinen Anfängen: »Früher, da haben wir oft einfach im Freien gespielt. Einmal spielten wir auf einem Dorfplatz, als es plötzlich anfing zu regnen. Da haben wir uns einfach die Regenmäntel angezogen und weitergespielt.«

»Und was war mit dem Publikum?«, fragt sein interessierter Zuhörer.

»Ach, dem habe ich meinen Schirm geliehen!«

Das Theater in Bad Stöckelstein steht lichterloh in Flammen. Nur ein Paar sitzt seelenruhig in der ersten Reihe und macht keine Anstalten, aus der Feuerhölle zu fliehen. Da kommt endlich ein Feuerwehrmann angerannt und schreit: »Jetzt machen Sie schon, dass Sie hier endlich rauskommen. Glauben Sie mir! Das gehört nicht zum Stück!«

Was sagt der arbeitslose Schriftsteller zum Schriftsteller mit Arbeit?
»Eine Currywurst, bitte!«

Die kleine Sibylle kommt zu ihrer Mutter mit den Stellenanzeigen in der Hand: »Mama, das Theater sucht neue Statisten. Was ist denn das?«
»Statisten sind Leute, die nur rumstehen und nichts zu sagen haben«, antwortet die Mutter.
»Aber das wäre dann doch was für Papa!«

Herrmann fragt seinen Freund, der als Theaterkritiker für die Provinzzeitung arbeitet: »Und, was wirst du über das neue Theaterstück schreiben?«
»Ich werde schreiben: Das Publikum raste!«
»Wow, vor Begeisterung?«
»Nein, nach Hause!«

Bei einer Ausstellung eines leidlich erfolgreichen Malers meint ein Besucher: »Meister, ich zahle Ihnen 20 Euro für dieses Bild!«

»20 Euro?«, entrüstet sich der Maler. »Da hat ja die Leinwand allein mehr gekostet!«

»Tja, damals war sie ja auch noch nicht beschmiert!«

Frau Waldenstein besucht einen bekannten Künstler in seinem Atelier.

»Diese Farben, herrlich!«, schwärmt sie. »Ich wünschte, ich könnte etwas davon mit nach Hause nehmen!«

»Das werden Sie wohl«, antwortet der Künstler trocken, »Sie sitzen nämlich auf meiner Palette!«

Beim Direktor eines kleinen Wanderzirkus stellt sich ein neuer Artist vor. Er hat einen großen und einen kleinen Koffer dabei.

»Nun zeigen Sie mal, was Sie können!«, fordert der Direktor den Artisten auf. Daraufhin öffnet der Artist den kleinen Koffer, holt einen großen Stein heraus und schlägt ihn gegen seinen Kopf. Der Stein zerbricht in tausend Teile.

»Das ist ja Wahnsinn! Und was haben Sie in dem großen Koffer? Einen noch größeren Stein?«, fragt der Zirkusdirektor begeistert.

»Nein«, antwortet der Artist leicht benommen. »Kopfschmerztabletten!«

Peter übt gerade mal wieder mit Inbrunst am Klavier, als es plötzlich an der Tür klingelt. Er öffnet, und vor ihm steht ein Mann, der sagt: »Guten Tag, ich bin hier, um Ihr Klavier zu stimmen.«

»Aber ich habe Sie ja gar nicht bestellt!«

»Sie nicht, aber Ihre Nachbarn!«

Die kapriziöse Theaterschauspielerin winkt sich den schon genervten Regisseur heran: »Ich spiele nur noch realistisches Theater. Deshalb möchte ich, dass mir im ersten Akt richtiger Wein eingeschenkt wird.«

»Kein Problem«, antwortet der Regisseur, »aber dann nehmen Sie im letzten Akt auch richtiges Gift!«

Frau von Wagenfels raunt ihrem Sitznachbarn im Kammermusikkonzert zu: »Ach, was wäre das für ein schönes Konzert, wenn nur die Akustik in diesem Raum nicht so schlecht wäre.«

Darauf ihr Nachbar: »Ja, Sie haben recht! Jetzt wo Sie es sagen, rieche ich es auch!«

Maler Pinsel stellt seine Gemälde in einer kleinen Galerie in der Provinz aus. Diesmal hat er sich zu seinen Bildern von der stürmischen See inspirieren lassen. Eine Besucherin meint zu ihm: »Meister Pinsel, Ihre Werke sind wirklich beeindruckend – nur schade, dass Sie mit dem Wetter jedes Mal so ein Pech haben!«

Vor Gericht: »Angeklagter, Sie haben Ihrem Mitbewohner also sein Tenorhorn gestohlen? Dabei können Sie gar nicht spielen!«
»Ja, Herr Richter. Aber mein Mitbewohner kann es auch nicht.«

Treffen sich zwei Schauspieler. Der eine freut sich: »Endlich habe ich mal wieder ein Engagement. Ich spiele einen Ehemann, der seit über zehn Jahren verheiratet ist.«
»Super«, antwortet der andere, »und bald wirst du auch eine Sprechrolle bekommen!«

Treffen sich zwei Freundinnen mal wieder beim Bäcker. Fragt die eine: »Was macht denn dein Mann so?«
»Der schreibt seit einem halben Jahr an einem Buch!«, erwidert die andere stolz.
»Seit einem halben Jahr?«, fragt die andere. »Wäre es da nicht viel einfacher, er kauft sich endlich eins?«

Familie Neureich hat zu einer eleganten Soiree in ihre neue Villa geladen. Der Hausherr fragt stolz einen der Gäste: »Sie sind doch Kunstkritiker. Was halten Sie denn von meiner Gemäldesammlung?«

»Wollen Sie meine Meinung als Gast oder als Kritiker?«

Gerta besucht ihre Freundin Berta. Berta ist gerade beim Klavierüben.

»Ich übe jetzt jeden Tag mindestens vier Stunden Klavier!«, sagt Berta stolz.

»Und warum?«, will Gerta wissen.

»Ich weiß eben, was ich will!«, antwortet Berta.

»Eine Karriere als Konzertpianistin?«, hakt Gerta nach.

Darauf Berta: »Nein, die Wohnung nebenan!«

Der alte Schlagersänger will es noch mal wissen und geht nach langer Zeit wieder auf Tournee. Beim ersten Konzert in einer kleinen Stadt sitzt nur eine einzige Frau im Publikum.

»Heute singe ich nur für Sie!«, schmeichelt ihr der Sänger.

Darauf die Frau: »Dann beeilen Sie sich aber. Ich muss später noch hier sauber machen!«

Der Wirt klopft an die Tür eines seiner Pensionsgäste:
»Was machen Sie denn da?«
»Ich übe Geige!«
»Na, dann ist ja gut. Ich dachte schon, Sie sägen unseren
Holztisch durch!«

»Also jetzt hören Sie mal, das soll meine Frau sein?«,
schimpft Herr von Falkenstein empört, als er beim Por-
traitmaler das bestellte Bild von seiner Frau abholen will.
»Da sieht sie ja total alt und hässlich aus!«
Daraufhin meint der Maler achselzuckend: »Aber dafür
kann ich doch nichts!«

Herr Sauerbier besucht eine Ausstellung von Skulpturen.
»Diese moderne Kunst«, schimpft er, »was soll man denn
darunter verstehen!«
Er deutet auf eine rote Skulptur in der Ecke.
»Aber mein Herr«, erwidert ein Wachmann, »das ist kei-
ne moderne Kunst, das ist der Feuerlöscher!«

Ein Artist bewirbt sich beim Zoo.
»Was können Sie denn?«, fragt ihn der Direktor.
»Ich bin Vogelimitator!«, sagt der Bewerber.
»Ach, hören Sie auf. Das ist doch nun wirklich kein au-
ßergewöhnliches Talent!«, antwortet der Direktor.

»Schade!«, meint der Mann, breitet seine Arme aus und fliegt durchs offene Fenster davon.

Ein Ölscheich kommt ins Museum: »Ich bewundere die alten Meister – niemand hat sein Öl so teuer verkauft wie sie.«

Frau Neureich besucht eine Galerie: »Ich finde Ihre Ausstellung abstrakter Kunst ganz beeindruckend. Aber dieses Bild da an der Wand passt doch irgendwie gar nicht dazu. Die Landschaft ist ja ganz naturgetreu gemalt!«
Der Galerist folgt ihrem Blick und meint: »Da haben Sie recht, gnädige Frau, deshalb ist es ja auch kein Bild, sondern ein Fenster!«

In der Oper wird *Der Barbier von Sevilla* gegeben. Frau Höller stößt plötzlich ihren Mann an: »Kurt, du wirst es nicht glauben, aber da drüben schläft doch tatsächlich einer!«
Da brummt es zurück: »Und deshalb weckst du mich auf?!«

»Ich bringe Ihnen die Sensation schlechthin!«, schwärmt der Manager dem Zirkusdirektor vor. »Mein Artist wird seinen Kopf in den Rachen eines Elefanten hineinstecken und drinnen *Alle Vöglein sind schon da* singen!«

»Na und?«, gähnt der Zirkusdirektor. »Wer will denn schon dieses doofe Kinderlied hören?!«

Das schöne Geschlecht

Die Kleins sitzen vor dem Fernseher und schauen gerade ihre Lieblingssendung, als plötzlich ihre Tochter in einem weißen Kleid mit Schleier und einem Brautstrauß vorbeieilt. Da sagt Herr Klein zu seiner Frau grimmig: »Ich möchte ja gern mal wissen, wo die jetzt schon wieder hingeht!«

Ärger im Paradies. Eva brüllt Adam an: »Du bist immer anderer Meinung als ich!«
Antwortet Adam: »Zum Glück, sonst hätten wir ja beide unrecht!«

Treffen sich zwei Freundinnen.
»Mensch, du hast aber abgenommen!«, meint die eine neidisch zur anderen.
»Tja, ich mache ja auch seit Wochen die chinesische Hühnersuppen-Diät.«
»Das klingt ja ganz lecker. Isst du die Suppe denn mit Nudeln?«
»Nein, mit Stäbchen!«

Frau von Falkenstein trifft ihre langjährige Freundin Ida von Waldenfels im Golfclub und fragt entsetzt: »Ach du lieber Gott, haben Sie sich verletzt?«
»Nein, aber warum fragen Sie, Verehrteste?«
»Na, wegen dem großen Pflaster auf Ihrem Kopf!«
»Aber das ist doch mein neuer Hut!«

»Dieser MP3-Player aus Japan ist das Allerneueste, was der Markt zu bieten hat. Da müssen Sie zuschlagen«, versucht der Verkäufer seine unbedarfte Kundin zum Kauf zu überreden.
»Das mag schon sein«, antwortet diese, »aber ich kann leider gar kein Japanisch!«

Warum ist es so schwer für Frauen, aus der Küche herauszukommen?
Das nennt man Herdanziehungskraft.

Eine alte Dame sagt zu einem Bettler: »Hier haben Sie zwei Euro, aber dass Sie mir davon ja keinen Schnaps kaufen!«
»Ich Ihnen Schnaps kaufen, ich bin doch nicht blöd!«

Eine gestresst wirkende Frau kommt in eine Buchhandlung und fragt den Buchhändler: »Haben Sie ein Buch darüber, wie man mit anstrengenden Kindern pädagogisch wertvoll umgehen kann?«

»Nein, so etwas führen wir nicht!«, antwortet der Buchhändler.

Darauf die Frau: »Na gut, dann geben Sie mir einen Ratgeber für Erste Hilfe!«

Beim Kaffeekränzchen unterhalten sich Frau Köhler und ihre Freundinnen über Kindererziehung.

»Unsere Kinder sollen keinen Streit zwischen meinem Mann und mir mitbekommen. Deshalb schicken wir sie immer in den Garten, wenn sich eine Meinungsverschiedenheit anbahnt«, erzählt Frau Köhler.

Darauf ihre Freundin: »Ach, deshalb sind sie immer so schön braun!«

Zwei Freunde unterhalten sich in der Kneipe.

»Mensch Peter, ich hab gehört, du hast geheiratet. Meinen Glückwunsch, aber warum hast du denn eine Frau geheiratet, die dreißig Jahre älter ist als du?«

»Ach, das war ein großer Irrtum. Eigentlich wollte ich um die Hand ihrer Tochter anhalten, aber sie hat mich nicht ausreden lassen.«

Wie viele Tiere braucht eine Frau?
Vier: einen Nerz im Kleiderschrank, einen Hengst fürs Bett, einen Jaguar vor der Tür und einen dummen Esel, der das alles bezahlt.

Die Haushälterin von Pfarrer Klein serviert ihm eines Tages sein Essen und trägt dabei ein äußerst knappes Kleid mit tiefem Dekolleté. Als er sie darauf anspricht, rechtfertigt sie sich: »Oh, Herr Pfarrer, schuld daran war nur der Teufel. Er hat mich zum Kauf des Kleides verführt!«
Darauf Pfarrer Klein: »Und warum hast du ihm nicht standgehalten und gesagt ›Weiche von mir, Satan!‹?«
»Das habe ich!«, antwortet die Haushälterin. »Aber dann hat er mir zugerufen ›Auch von hier drüben steht es dir noch ausgezeichnet!‹«

Paule und Otto treffen sich in der Kneipe. Otto fragt: »Sag mal, hat deine Frau nach eurem Umzug eigentlich schon wieder Anschluss gefunden?«
Darauf Paule: »Klar, schon mit drei Nachbarinnen hat sie sich zerstritten!«

In der Abenddämmerung läuft eine Frau bepackt mit zwei schweren Einkaufstüten durch einen Park. Plötzlich raschelt es in einem Gebüsch neben ihr und ein Mann mit langem Mantel springt auf den Weg. Er öffnet seinen Mantel und präsentiert sich der Frau, so wie Gott ihn schuf. Die Frau wirft einen kurzen Blick auf den Mann, dann stöhnt sie: »So ein Mist, jetzt weiß ich, was ich beim Einkaufen vergessen habe: Shrimps!«

»Als wir geheiratet haben, warst du so ein zuvorkommender, liebenswerter Mann, Kurt. Und jetzt bist du ein nörgelndes Ekelpaket!«, beschwert sich Sieglinde bei ihrem Mann.
Darauf Kurt: »Tja, kannste mal sehen, was du aus mir gemacht hast!«

Warum gibt es mehr Frauen als Männer auf der Welt?
Weil es mehr zu putzen als zu denken gibt!

»Kommst du heute nach der Arbeit noch mit einen trinken?«, fragt ein Kollege den anderen.
»Geht leider nicht. Meine Frau feiert heute ihren Geburtstag.«
»Wie alt wird sie denn?«
»Das fünfte Mal neununddreißig!«

Treffen sich zwei Freundinnen auf einer Party.

»Du bist ja ganz alleine hier. Was ist denn mit deinem Mann?«, fragt die eine.

»Mein Mann raucht nicht, trinkt nicht und geht auch nicht aus.«

»Und was macht er dann?«

»Er sitzt zu Hause und schimpft, dass andere Männer das dürfen!«

☺

Was ist der Unterschied zwischen einer Batterie und einer Frau?

Die Batterie hat auch eine positive Seite.

☺

Berti ist für einige Monate beruflich im Ausland tätig. Um seiner Frau zu Hause eine Freude zu machen, schickt er ihr einen Diamantring im Wert von 1000 Euro. Da er aber nicht so viel Zollgebühren zahlen will, gibt er auf dem Formular für den Zoll als Wert des Rings 100 Euro an. Bald darauf erhält er ein Telegramm von seiner Frau: »Ring für 200 Euro verkauft, schick doch bitte noch zehn Ringe!«

☺

Nach einem schlimmen Autounfall und mehreren Tagen im Koma erwacht Helge plötzlich. Seine Frau war Tag und Nacht an seinem Bett. Da deutet Helge ihr an, näherzukommen. Mit schwacher Stimme flüstert er: »In all den schlimmen Zeiten warst du stets an meiner Seite. Als ich meinen Job verloren habe, warst du für mich da. Als unser Haus abgebrannt ist, hast du zu mir gehalten. Und auch nach diesem schlimmen Unfall warst du immer in meiner Nähe. Weißt du was?«

Da füllen sich die Augen seiner Frau mit Tränen der Rührung.

»Was denn, mein Liebling?«, haucht sie.

»Ich glaube, du dumme Nuss bringst mir nur Unglück!«

Warum werden im Fernsehen alle Sendungen laufend wiederholt?

Wie sollen Frauen die Sendungen denn aufnehmen, wenn sie keinen Videorecorder bedienen können?

Berta läuft in der Abenddämmerung durch den Stadtpark. Plötzlich hört sie Schritte hinter sich. Sie läuft schneller. Auch die Schritte werden schneller. Da nimmt Berta all ihren Mut zusammen, bleibt stehen, dreht sich um und fragt ihren Verfolger: »Warum laufen Sie eigentlich die ganze Zeit hinter mir her?«

Darauf der Mann: »Jetzt, wo Sie sich umgedreht haben, frage ich mich das auch.«

Luisa besucht ihre beste Freundin, um sich deren neue Wohnung anzuschauen: »Deine neue Wohnung ist echt toll! Aber warum hast du denn einen Rückspiegel am Fernseher angebracht?«, fragt Luisa erstaunt.

Darauf die Freundin: »Damit ich Rolf beim Abspülen beobachten kann!«

☺

Kurti kommt voll wie eine Haubitze mitten in der Nacht aus der Kneipe nach Hause. An der Tür erwartet ihn bereits seine Frau, stocksauer und mit einem Besen in der Hand. Gerade setzt sie an, Kurti so richtig eins überzubraten, als dieser fragt: »Nanu? Bist du am Putzen, oder fliegst du noch weg?«

☺

Petra putzt gerade die Fenster und singt dabei fröhlich vor sich hin. Auf einmal steht ihr Mann hinter ihr und motzt: »Mensch, du hättest auch gleich sagen können, dass du singst. Ich öle seit einer halben Stunde die Balkontür!«

☺

Adam sitzt im Paradies. Er langweilt sich den lieben langen Tag furchtbar und wünscht sich einen Partner. Deshalb geht er zu Gott und sagt: »Lieber Gott, es ist so öde hier allein. Kannst du mir nicht einen Gefährten machen, mit dem ich Spaß haben kann, der schön und klug ist und mit dem ich richtig kuscheln kann, wenn's abends kalt wird?«

Gott überlegt kurz und antwortet dann: »Kein Problem, Adam, aber dafür müsstest du mir eine Niere und deine rechte Hand geben!«

Darauf Adam: »Nee, nie im Leben – was bekomme ich denn für eine Rippe?«

☺

Freddie, knapp siebzig Jahre alt und millionenschwer, heiratet ein junges, bildhübsches Model. Nach der Trauung kommt ein alter Freund und gratuliert: »Mensch, Freddie, alter Schwerenöter, wie hast du das bloß gemacht?«

»Ganz einfach«, antwortet Freddie, »ich habe ihr gesagt, ich sei 98!«

☺

Warum braucht ein Mann eine Frau?
Irgendwann passiert ja doch was, wofür er die Politiker nicht verantwortlich machen kann.

☺

»Ach, ich liebe sportliche Frauen«, sagt der Scheich. »Erst kürzlich habe ich eine Damen-Fußballmannschaft geheiratet.«

☺

Was sagt der Ehemann zu seiner Frau, bevor er den Fernseher einschaltet?
»Möchtest du noch etwas sagen, bevor die Fußballsaison anfängt?«

☺

Was haben Frauen und Krawatten gemeinsam?
Man wählt sie meistens bei schlechter Beleuchtung und dann hat man sie am Hals.

☺

Zwei Männer sitzen in einer Kneipe und quatschen. Meint der eine: »Langsam habe ich den Verdacht, dass die ins Bier weibliche Hormone mischen!«
»Wie kommst du denn darauf?«, fragt sein Kumpane.
Antwortet der andere: »Ist doch sonnenklar. Immer wenn ich zu viel getrunken habe, rede ich nur noch Blödsinn und kann nicht mehr Auto fahren!«

☺

Warum können ältere Frauen schlechter einparken als jüngere?
Weil im Alter das Gehör nachlässt!

☺

Frau Kollmann kommt zum Arzt: »Es ist mir ja ganz unangenehm, Herr Doktor, aber irgendwas stimmt nicht.

Neulich habe ich aus Versehen einen Fünf-Euro-Schein verschluckt, aber wenn ich auf die Toilette gehe, kommt nur Kleingeld raus.«

Der Arzt überlegt kurz und sagt dann: »Ich glaube, das liegt an den Wechseljahren!«

Öko-Petra kommt im selbstgestrickten Norwegerpulli und mit alten Birkenstocklatschen an den Füßen in die Drogerie und verlangt eine Packung Tampons. Daraufhin gibt ihr der Verkäufer eine Packung Tempo.

»Entschuldigung, aber ich wollte Tampons«, sagt Öko-Petra verwundert.

Antwortet der Verkäufer: »Ich dachte, Sie drehen selbst.«

»Hast du das Kleid gesehen, das Brigitte gestern auf dem Ball trug?«

»Nein, wie sah es denn aus?«

»Ach, unten ganz viel Stoff und oben ganz viel Brigitte.«

Die Frau vom Jäger-Schorsch bettelt ihren Mann schon lange an, sie einmal mit zur Jagd zu nehmen. Nach Jahren lässt er sich endlich erweichen und nimmt sie mit in den Wald. Der Jäger-Schorsch zeigt seiner Frau, wie das Gewehr funktioniert, und erklärt ihr, dass es auf der Jagd wichtig ist, nach dem Schuss sofort zu dem erlegten Tier hinzueilen, weil immer derjenige Besitzansprüche darauf erheben kann, der als Erster an dem Tier angelangt ist. Die Frau vom Jäger-Schorsch nickt und bezieht Position auf einem Jägerstand.

Nach kurzer Zeit hört der Jäger-Schorsch einen Schuss von seiner Frau. Schnell eilt er hin, um zu sehen, ob sie auch alles richtig macht. Schon aus weiter Entfernung kann er sehen, wie seine Frau und ein fremder Mann wild diskutierend um das tote Tier herumstehen. Er kommt näher und hört den Mann sagen: »Ja, ja, schon gut. Dann ist es von mir aus Ihr Hirsch! Aber darf ich wenigstens noch meinen Sattel abnehmen?«

Es ist nicht nötig, den Frauen zu widersprechen. Das erledigen sie nach fünf Minuten selbst.

Susi kommt vom Shoppen nach Hause. Beim Anblick der vielen Tüten erblasst ihr Gatte. Darauf strahlt Susi ihn an: »Schatz, mach dir keine Sorgen. Ich habe beim Einkaufen zweimal im Halteverbot geparkt und keinen Strafzettel bekommen. Das gesparte Geld habe ich dann gleich in eine entzückende Bluse investiert!«

Frauenarzt Dr. Fiedler sieht in seinem Wartezimmer einen einsamen Mann sitzen. Er spricht ihn an: »Mein Herr, ich glaube, Sie haben sich in der Tür geirrt. Ich bin Spezialist für Frauenleiden!«

»Aber deswegen bin ich ja zu Ihnen gekommen«, erwidert der Mann. »Ich leide sehr unter meiner Frau!«

»Na Kalle, wie hat's deiner Frau auf der Schönheitsfarm gefallen? Ist sie durch die Schlammpackung schöner geworden?«, fragt Paule seinen alten Kumpel.

Antwortet Kalle: »Anfangs ja, aber dann ist das Zeug abgebröckelt.«

Warum gibt es Frauenparkplätze?
Damit die Frauen beim Parken nicht die Autos der Männer beschädigen.

Frau Platzer kommt vom Friseur nach Hause und strahlt bis über beide Ohren: »Liebling, stell dir vor: Gerade bin ich auf dem Weg nach Hause von einem jungen Herrn angesprochen worden, und der hat doch glatt Fräulein zu mir gesagt!«

»Klar«, grummelt ihr Gatte, »es kommt ja keiner auf die Idee, dass dich alte Schachtel einer geheiratet haben könnte!«

Paule zu seiner Liebsten: »Schatz, ich mache dich zur glücklichsten Frau der ganzen Welt!«
Darauf sie: »Ehrlich?! Aber ein bisschen werde ich dich schon vermissen.«

☺

Treffen sich zwei Freundinnen. Meint die eine: »Ich mache jetzt zwei Diäten gleichzeitig!«
Fragt die andere: »Wow – wieso das denn?«
Antwort: »Na, weil ich von einer Diät nicht satt werde!«

☺

Wie kann eine Frau von der Wasserkraft profitieren?
Wenn sie so lange heult, bis man ihr endlich die Schuhe kauft, um die sie schon so lange bettelt.

☺

Ludmilla, Gattin eines russischen Millionärs, beschwert sich bei ihrem Gemahl: »Dauernd diese Weltreisen, können wir nicht mal woanders hinreisen?«

☺

Der Huber-Toni verzieht sich gerne vor seiner Alten ins Wirtshaus. Wenn er dann sturzbesoffen nach Hause kommt, regt sich seine Frau nur noch umso mehr auf. Deshalb beschließt sie eines Tages, ihm einen gehörigen Schrecken einzujagen. Mitten in der Nacht hat sie sich, in einen schwarzen Kapuzenmantel gekleidet, auf seinem Heimweg auf die Lauer gelegt. Als er kurze Zeit später an ihr vorbeischwankt, springt sie ihn an und schreit: »Ha! I bin der schwarze Luzifer!«

Da seufzt der Huber-Toni erleichtert: »Mei, Gott sei Dank! Und i hob scho glaubt, des is mei Alde!«

Zwei Freundinnen unterhalten sich im Vertrauen. Sagt die eine: »Mensch, ich muss jetzt echt höllisch aufpassen, dass ich nicht mehr schwanger werde!«

»Aber wieso denn? Dein Mann hat sich doch sterilisieren lassen.«

»Eben darum!«

»Mein Mann hält immer, was er verspricht!«, sagt Susanne zu ihrer Freundin Petra. »Vor der Hochzeit hat er mir das Paradies versprochen, und tatsächlich: Heute leben wir von Luft und Liebe, und ich habe nichts zum Anziehen!«

»Männer sind anstrengend«, stöhnt Karin. »Wenn man befreundet ist, muss man die halbe Nacht wach bleiben, bis er geht. Ist man verheiratet, muss man die halbe Nacht wach bleiben, bis er nach Hause kommt.«

Eines Tages kommt Handelsvertreter Ole überraschenderweise einen Tag früher nach Hause. Im Ehebett überrascht er seine Frau zusammen mit seinem besten Freund Ernst.

»Ha! Ich fordere dich zum Duell heraus!«, brüllt er Ernst an.

Ole und Ernst gehen nach nebenan, und Ole flüstert seinem Freund zu: »Also pass auf. Wir schießen beide in die Luft und tun dann so, als ob wir beide getroffen wären. Dann sehen wir, zu wem sie zuerst rennt – und der darf bei ihr bleiben.«

Ernst stimmt zu, und beide tun so wie vereinbart. Es fallen zwei Schüsse, die Ehefrau kommt ins Zimmer gestürmt, geht zum Schrank und sagt: »Jürgen, du kannst rauskommen – die Deppen haben sich gegenseitig über den Haufen geschossen!«

Ehepaar Lustig verlässt gerade das Restaurant.

»Also das Essen war ja wirklich nichts Besonderes – geradezu ein widerlicher Fraß!«, sagt Frau Lustig.

»Ja«, pflichtet ihr Herr Lustig bei, »da hätten wir genauso gut auch zu Hause essen können!«

Warum tragen ältere Damen gerne einen Hut?
Weil jede Schachtel einen Deckel braucht.

»Mensch Sabine, du siehst ja phantastisch aus!«
»Danke, Uschi, ich habe auch achtzig Kilo lästiges Über-
gewicht verloren!«
»Wie hast du denn das geschafft?«
»Ich hab mich endlich von dem Blödmann scheiden las-
sen!«

Zwei Frauen laufen durch den Märchenwald, als plötzlich
ein Frosch vor ihnen auf den Weg hüpft und spricht:
»Küss mich, ich bin ein verwunschener Millionär!«
Da bückt sich die eine Frau, hebt den Frosch auf und
steckt ihn in ihre Tasche.
»Wieso küsst du ihn denn nicht?«, fragt die andere Frau
erstaunt.
»Also Millionäre gibt's doch genug, aber stell dir mal vor,
wie viel Geld ich mit einem sprechenden Frosch verdienen kann!«

»Liebling, findest du eigentlich, dass die Schlammmaske
mein Aussehen verbessert hat?«, fragt Elke ihren Mann.
Darauf dieser: »Klar, aber warum hast du denn den
Schlamm wieder abgewaschen?«

Erwin will sich scheiden lassen und lässt sich beim An-walt beraten. Dieser schaut sich die Unterlagen an und meint dann ungläubig: »Sie haben seit zehn Jahren nicht mit Ihrer Frau gesprochen. Warum das denn?«
Antwortet Erwin: »Na ja, ich wollte sie doch nicht unter-brechen!«

Frau Müller steht morgens auf der Waage und ruft begeis-tert zu ihrem Mann ins Schlafzimmer: »Schatz, stell dir vor, ich habe zwei Kilo abgenommen!«
Kommt es aus dem Schlafzimmer zurück: »Kein Wunder, du hast dich ja auch noch nicht geschminkt!«

Von Richtern, Polizisten
und bösen Buben

Urteilsspruch des Verkehrsrichters: »Dem verurteilten Fahrer wird es bei guter Führung gestattet, einmal wöchentlich sein Auto zu sehen.«

»Zehn Jahre Gefängnis«, verkündigt der Richter. »Angeklagter, haben Sie noch etwas hinzuzufügen?«
»Nein, Herr Richter. Mich ärgert nur, wie freizügig Sie hier mit der Zeit anderer Leute umgehen!«

Die Gangsterbraut Ulli besucht ihren Macker, den Tresorknacker-Ede, im Gefängnis.
»Na, Liebchen, wie kommst du denn jetzt über die Runden, wo ich nicht mehr da bin und für dich sorgen kann?«, fragt er seine Braut.
»Ach, das geht schon«, antwortet Ulli. »Von der Belohnung, die ich kassiert habe, als ich dich an die Polizei verpfiffen habe, kann ich gut drei Jahre in Saus und Braus leben!«

Finden zwei Polizeibeamte eine Leiche vor einem Gymnasium. Fragt der eine den anderen: »Du, wie schreibt man denn Gymnasium?«

Der andere überlegt und sagt: »Schleppen wir ihn zur Post!«

»Sie bekommen entweder 500 Euro, zehn Tage Strafdienst in einer wohltätigen Einrichtung oder Sie wandern für zwei Wochen ins Gefängnis«, stellt der Richter dem Angeklagten zur Auswahl.

»Wenn Sie schon so fragen, Herr Richter, dann nehme ich natürlich das Geld!«

Der Wachtmeister hält einen offensichtlich betrunkenen Fahrer an: »So, jetzt blasen Sie mal in dieses Röhrchen!«

»Das geht leider nicht. Ich habe eine schwere Angina«, antwortet der Fahrer.

»Gut, dann muss ich Sie mit auf die Wache zur Blutentnahme nehmen«, erwidert der Polizist.

»Das geht leider auch nicht. Ich leide an der Bluterkrankheit«, sagt der Fahrer.

»Na, dann gehen Sie wenigstens einige Schritte auf diesem Strich hier!«, meint der Polizist genervt.

»Unmöglich, ich bin total besoffen!«

Richter: »Wie alt?«
Franz: »45.«
Richter: »Konfession?«
Pause.
Richter: »Na, in welche Kirche gehen Sie denn?«
Franz: »Sankt Johann in Hirtelsdorf!«

Der Richter zum Angeklagten: »Sagen Sie mal, warum haben Sie Ihrem über 70-jährigen Nachbarn vier Zähne ausgeschlagen?«
»Er hatte nicht mehr, Herr Richter!«

»Herr Richter, ich bitte Sie um mildernde Umstände. Zur Zeit der Tat war ich ohne festen Wohnsitz. Ich hatte nichts zu essen und keine Freunde.«
»Ich habe das alles bereits berücksichtigt«, sagt der Richter. »Für die nächsten fünf Jahre werden Sie einen festen Wohnsitz, regelmäßige Verpflegung und auch jede Menge Freunde haben.«

Der Bankräuber flippt aus: »Da haben wir Idioten acht Wochen wie die Blöden unter der Bank gebohrt und gebuddelt. Und für was? Nur dafür, dass die blöde Bank in der Zeit pleitegeht!«

Wachtmeister Peter hält den offensichtlich angetrunkenen Autofahrer an und fragt: »Na, mein Herr. Sie haben aber schon einiges getrunken, was?«

»Nichhht im jeringsten, Herr Wachhhtmeissser!«, kommt ihm eine Alkoholfahne entgegen.

»Gut, dann haben Sie bestimmt nichts dagegen, mal in dieses Röhrchen zu blasen«, sagt Wachtmeister Peter.

»Abbber jern, Herr Wachhhtmeissser, in das linke oder das rechte?«

»Herr Falkenstein, Sie werden beschuldigt, eine undefinierbare Flüssigkeit als Lebenselixier verkauft zu haben. Sind Sie eigentlich in dieser Hinsicht schon vorbestraft?«

»Ja, einmal 1856 und dann noch mal im Jahre 1901!«

Der Gangsterboss nimmt vor der Verhandlung noch mal seinen Anwalt zur Seite und raunt ihm ins Ohr: »Wenn ich mit einem halben Jahr davonkomme, dann bekommen Sie noch mal 5000 Euro extra.«

Nach dem Prozess kommt der Anwalt freudestrahlend zum Angeklagten: »Geschafft! Aber das war wirklich ein hartes Stück Arbeit, die wollten Sie doch glatt freisprechen!«

Peter hat sich vom Versicherungsvertreter eine Brandschutzversicherung aufschwatzen lassen.

»Und was bekomme ich jetzt, wenn meine Bude morgen abbrennt?«, fragt er den Vertreter noch mal nach Vertragsabschluss.

»Ich schätze mal zwischen drei und sieben Jahre!«

Knut wurde beim Diebstahl einer teuren Uhr erwischt und wird dafür vor Gericht gestellt. Im Gerichtssaal verurteilt ihn der Richter zu zwölf Monaten Gefängnis ohne Bewährung.

»Ich hätte es wissen müssen«, stöhnt Knut auf.

»Was hätte Sie wissen müssen?«, fragt der Richter nach.

»Na ja, auf der Uhr stand ja schon ›Zwölf Monate Garantie‹ drauf!«

Sagt der Richter zum Angeklagten: »Sie wissen, warum Sie hier sind?«

»Natürlich«, antwortet der Angeklagte, »weil ich zu langsam gefahren bin.«

»Zu langsam? Sind Sie noch ganz bei Trost?! Sie sind mit 180 durch die Innenstadt gerast!«

»Ja, das ist das Problem. Mit 220 Sachen hätte mich die Polizei nie erwischt!«

Susi wird von einer Polizeikontrolle angehalten.
»Junge Frau, Sie riechen verdächtig nach Alkohol!«, meint der Wachtmeister.
»Das kann gar nicht sein, ich habe nämlich nur Tee getrunken!«, säuselt Susi.
»Dann haben Sie mindestens 1,0 Kamille!«

Vor Gericht wird Langfinger-Ede gefragt: »Angeklagter, haben Sie bei dem Einbruch nicht an Ihre arme alte Mutter gedacht?«
»Doch Herr Richter, aber für sie war nichts Passendes dabei!«

Frau Mayer wurde wegen Ladendiebstahls verhaftet. Vor Gericht fragt der Richter: »Was genau haben Sie gestohlen?«
»Eine Dose Pfirsiche«, antwortet Frau Mayer.
Darauf der Richter: »Und wie viele Pfirsiche waren in der Dose?«
Frau Mayer: »Sechs Stück. Wieso?«
»Ich werde Sie deshalb mit sechs Tagen Gefängnis bestrafen«, sagt der Richter.
Plötzlich meldet sich Frau Mayers Ehemann und sagt: »Sie hat außerdem eine Dose Mais gestohlen!«

Unterhalten sich zwei Gefängniswärter: »Mensch, der Gefangene aus Zelle fünfzehn ist gestern ausgebrochen!«
»Na endlich, dieses Quietschen der Feile war ja nicht mehr auszuhalten!«

Einer Ehefrau, die ihrem Mann im Streit ein Nudelholz über den Kopf gezogen hat, wird der Prozess gemacht. Der Richter befragt einen Zeugen: »Waren Sie dabei, als der Streit der Eheleute begann?«
»Ja, ich war Trauzeuge!«

Der Richter grübelt: »Angeklagter, Sie kommen mir irgendwie bekannt vor. Ich bin mir sicher, dass ich Sie schon hundertmal gesehen habe! Sie sind doch sicher vorbestraft!«
Darauf der Angeklagte mit breitem Grinsen: »Nein, Herr Richter. Ich bin der Türsteher im Eros-Center!«

Beim Scheidungsprozess von Ehepaar Müller gibt es eine überraschende Wendung, die der Richter Herrn Müller unterbreitet: »Herr Müller, Ihre Frau verzeiht Ihnen und will es noch mal mit Ihnen versuchen.«
Darauf seufzt Herr Müller: »Na gut, dann nehme ich die Strafe an!«

Bei einer Verkehrskontrolle werden gerade die Schein-werfer, Brems- und Rücklichter geprüft. Da sagt der Poli-zist zum Fahrer: »Ihr linkes Rücklicht funktioniert nicht.«

Der Mann steigt aus, geht um sein Auto herum und fällt schreiend auf die Knie.

»Na, na«, meint der Polizist, »das ist doch nicht so schlimm und lässt sich ganz einfach richten!«

Darauf brüllt der Fahrer: »Was interessiert mich das blöde Rücklicht – mein Wohnwagen ist weg!«

Der stadtbekannte Kleinkriminelle steht vor dem Richter: »Glauben Sie mir, Herr Richter, ich bin unschuldig.«

»Ja, ja, das sagen alle«, erwidert der Richter genervt.

Darauf der Angeklagte erleichtert: »Ja, aber wenn alle an-deren das sagen, dann muss es doch stimmen.«

Richter zum Angeklagten: »Ich entziehe Ihnen den Füh-rerschein. Sie sind eindeutig nicht in der Lage, einen Wa-gen zu führen, schließlich haben Sie in einem Monat schon vier Fußgänger und zwei Radfahrer angefahren!«

Antwortet der Angeklagte: »Wie viele darf man denn maximal?«

An der Gefängnispforte fragt der Wachtmeister den Ent-
lassenen: »Was werden Sie jetzt anfangen?«
»Ich heirate.«
»Mann, haben Sie eine Vorstellung von Freiheit!«

Knacki-Eddie steht mal wieder vor Gericht.
»Angeklagter, erst letztes Jahr habe ich Sie doch wegen
Autodiebstahl verurteilt! Und jetzt haben Sie schon wie-
der einen nagelneuen Mercedes gestohlen.«
»Herr Richter, was kann ich denn dafür, dass die Autos
heutzutage so schnell kaputtgehen!«

Der Exhibitionist muss sich vor Gericht für seine Taten
verantworten. Da er ein flinkes Kerlchen ist, gelingt es
ihm, sich blitzartig vor der jungen Richterin zu entkleiden. Die Richterin wendet sich an den Verteidiger und
ordnet an:
»Das Verfahren wird wegen Geringfügigkeit eingestellt!«

»Angeklagter, warum haben Sie dem Kläger zuerst die
Brieftasche entwendet und ihn dann auch noch geschla-
gen?«
»Herr Vorsitzender, die Brieftasche war leer!«

Jürgen steht vor Gericht. Der Richter fragt ihn: »Sie wissen, warum Sie hier angeklagt sind?«

Darauf Jürgen: »Nein, ehrlich gesagt habe ich keine Ahnung.«

Der Richter: »Sie sollen Polygamist sein.«

»Na, hören Sie mal. Das ist eine haltlose, widerliche Verleumdung! Wer behauptet denn so was?«, empört sich Jürgen.

»Ihre Frau!«, antwortet der Richter.

»Welche?«

Früh um sechs Uhr hält die Polizei einen Autofahrer an, der durch wilde Schlangenlinien aufgefallen ist.

»Na, mein Herr, haben Sie vielleicht noch Restalkohol?«

»Nein, ich nicht. Aber da vorn am Kiosk müssten Sie schon was kriegen können.«

Hubert wird wegen Autodiebstahls angeklagt. Vor Gericht versucht er sich zu verteidigen: »Ich habe das Auto nur gestohlen, weil ich ganz schnell zur Arbeit musste, Herr Richter.«

Doch der Richter hat dafür wenig Verständnis: »Da hätten Sie doch auch einen Bus nehmen können.«

Antwortet Rudi: »Tut mir leid, aber für Busse habe ich keinen Führerschein!«

Vor Gericht wird wieder mal eine Vaterschaftsklage verhandelt. Der Richter fragt den potenziellen Vater: »Dann geben Sie also zu, dass Sie der Vater dieses Kindes sind?« »Ja, selbstverständlich«, antwortet der Angeklagte.
Darauf der Richter zufrieden: »Sehr gut, dann müssen wir uns ja nur noch um die monatlichen Zahlungen kümmern.«
»Aber ich bitte Sie«, winkt der Vater ab, »dafür möchte ich nun wirklich nichts haben!«

Ein Glaser, ein Dompteur und ein Gärtner werden verhört. Der Polizist befragt sie der Reihe nach und berichtet dann seinem Vorgesetzten: »Also, ich denke, der Glaser hat sehr durchsichtige Ausreden, der Dompteur will mir einen Bären aufbinden und der Gärtner will Gras über die Sache wachsen lassen.«

Der Polizist winkt einen Autofahrer raus: »Blasen Sie hier mal in die Tüte!«
»Aber warum denn, Herr Wachtmeister, ich habe doch gar nichts getrunken!«
»Das interessiert mich doch gar nicht, aber die Pommes sind noch zu heiß!«

»Angeklagter, Sie haben einen Lkw mit Schnaps gestohlen. Was haben Sie mit der Ladung gemacht?«
»Die habe ich verhökert!«
»Und was haben Sie mit dem Geld gemacht?«
»Das habe ich versoffen!«

☺

Die Polizei erwischt am Badesee ein Liebespaar in den Büschen: »Wegen Erregung öffentlichen Ärgernisses zahlen Sie beide jetzt eine Strafe. Der Herr zahlt fünfzig Euro und die Dame zwanzig Euro.«
»Halt, halt!«, empört sich der ertappte Mann. »Wieso soll meine Frau denn weniger bezahlen als ich?!«
Darauf der Wachtmeister: »Weil ich die Dame jetzt schon zum dritten Mal diese Woche erwische!«

☺

Ein Polizist entdeckt in einer Mülltonne einen Spiegel.
»Komm schnell!«, ruft er seinem Kollegen zu. »In der Tonne hier liegt eine Leiche!«
Der Kollege kommt und wirft auch einen Blick in die Mülltonne.
»Ja, du hast recht – und es hat sogar einen von uns erwischt!«

☺

Knacker-Knut steht zum wiederholten Male vor Gericht.
Meint der Richter: »Knut, Sie sind ja schon wieder da! Ich

dachte, die letzte Strafe hätte Sie zu einem besseren Menschen gemacht.«

»Hat sie auch, hat sie auch, Herr Richter«, antwortet Knacker-Knut. »Aber ich will noch viel besser werden!«

Nachdem der Staatsanwalt den Tathergang verlesen hat, fragt der Richter den Angeklagten: »Hat sich der Einbruch so abgespielt, wie ihn der Staatsanwalt geschildert hat?«

»Nein, Herr Richter«, antwortet der Angeklagte, »aber Kompliment an den Staatsanwalt: super Idee!«

Im Gefängnis bekommt Ede Besuch von seiner Freundin Sabine. Sie flüstert: »Na, Ede, hast du die Feile gefunden, die ich letztes Mal im Kuchen versteckt hatte?«

»Ja, danke«, flüstert er zurück.

»Und?«

»Ja, jetzt habe ich die schönsten Fingernägel im Bau!«

Der Richter zum Bankräuber: »Jetzt nennen Sie endlich den Namen Ihres Komplizen!«

Darauf dieser mit felsenfester Stimme: »Niemals! Glauben Sie etwa, ich verpfeife meinen eigenen Bruder?«

Berti ist wieder mal beim Rasen erwischt worden. Mürrisch zahlt er das Verwarnungsgeld beim Polizisten, der ihm daraufhin eine Quittung reicht.

»Was soll ich denn damit?«, fragt Berti brummig.

»Die heben Sie am besten auf«, schmunzelt der Wachtmeister, »und wenn Sie noch ein paar gesammelt haben, dann bekommen Sie ein Fahrrad!«

Der Richter erklärt dem Angeklagten: »Sie hätten den Ring, den Sie gefunden haben, bei der Polizei abgeben müssen. Sonst ist das Unterschlagung.«

»Das glaube ich nicht«, verteidigt sich der Angeklagte, »auf dem Ring war doch deutlich lesbar *Auf ewig Dein* eingraviert!«

»Haben Sie denn das Schild da vorne nicht gelesen?«, fragt der Verkehrspolizist den Raser. »Da steht deutlich 80 Stundenkilometer Höchstgeschwindigkeit!«

»Sie haben Ideen!«, antwortet der Raser. »Wie hätte ich denn bei dem Tempo auch noch lesen können?«

Verkehrszählung an der Hauptverkehrsstraße. Die Polizisten halten das zehntausendste Auto an: »Glückwunsch, Sie sind das zehntausendste Fahrzeug! Sie bekommen heute tausend Euro! Was machen Sie denn mit dem Geld?«

Darauf der Fahrer: »Erst mal den Führerschein!«
Da mischt sich seine Frau vom Beifahrersitz aus ein: »Glauben Sie ihm nicht, wenn er betrunken ist, redet er immer dummes Zeug.«
Plötzlich ruft die Oma vom Rücksitz: »Ich habe euch doch gleich gesagt, dass wir mit dem geklauten Auto nicht weit kommen!«

Der grantige Hubert wird vor Gericht gestellt, weil er einen Wachtmeister als »dumme Sau« beschimpft hat. Der Richter verdonnert ihn zu einer saftigen Geldstrafe und fragt: »Möchten Sie noch etwas dazu sagen?«
Darauf Hubert: »Mir läge da schon was auf der Zunge, aber das wird mir dann doch zu teuer!«

Verkehrssünder Karl wurde der Führerschein abgenommen und er muss nun noch mal zur Fahrschule zur Nachschulung. Der Fahrlehrer fragt: »Was ist beim Überholverbot zu beachten?«
Darauf Karl: »Man muss in den Rückspiegel schauen.«
»Wieso denn das?«, fragt der Fahrlehrer.
»Um sich zu vergewissern, dass die Polizei nicht hinter einem ist und mitbekommt, dass man überholt!«

Der Richter redet der jungen, hübschen Zeugin noch einmal ins Gewissen: »Sie wissen, was Sie bekommen, wenn Sie hier unter Eid falsch aussagen?«
Darauf die Zeugin: »Einen Pelzmantel und ein Cabrio!«

»Warum sind Sie denn zweimal hintereinander in dasselbe Geschäft eingebrochen?«
»Beim ersten Mal habe ich ein Kleid für meine Frau mitgenommen, aber das hat ihr nicht gefallen und dann musste ich es noch mal umtauschen!«

Der Richter belehrend zu Langfinger-Ede, der gerade zu fünf Jahren verurteilt worden ist: »Ede, gegen dieses Urteil können Sie Berufung einlegen oder darauf verzichten.«
»Gut, dann verzichte ich auf das Urteil!«

Zwei Banditen beim Pokern. Der eine springt auf, schmeißt seine Karten auf den Tisch und jubelt: »Hurra, gewonnen! Vier Asse – ein unschlagbares Blatt!«
Darauf der andere: »Von wegen, du hast verloren – ich habe zwei Damen und einen geladenen Revolver!«

Die Top Ten der witzigsten amerikanischen Gesetze

In South Carolina darf niemand ohne offizielle Erlaubnis in Abwasserkanälen schwimmen.

In Fairbanks, Alaska, dürfen es Bewohner nicht zulassen, dass sich Elche auf offener Straße paaren.

In Brooklyn, New York, dürfen Esel nicht in Badewannen schlafen.

In Kentucky dürfen Frauen nicht im Badeanzug auf die Straße – es sei denn, sie wiegen weniger als 42 Kilo bzw. mehr als 92 Kilo oder sind bewaffnet.

In L.A., Kalifornien, darf man nicht zwei Babys gleichzeitig in derselben Wanne baden.

In Florida dürfen ledige, geschiedene und verwitwete Frauen an Sonn- und Feiertagen nicht Fallschirm springen.

☺

In St. Louis, Missouri, darf die Feuerwehr Frauen nur dann aus brennenden Häusern retten, wenn sie vollständig bekleidet sind.

☺

In San Antonio, Texas, ist der Gebrauch von Augen und Händen beim Flirten illegal.

☺

In Alabama ist Dominospielen am Sonntag streng verboten.

☺

In Modehäusern im Bundesstaat Georgia ist das Entkleiden von Schaufensterpuppen ohne zugezogene Vorhänge illegal.

Die schönste Zeit des Jahres

»Wir haben getrennt Urlaub gemacht.«
»Wie, habt ihr euch gestritten?«
»Nein, nein. Wir waren in der Türkei und unsere Koffer in Spanien.«

»Willi, hast du eigentlich schon Urlaubspläne gemacht?«, fragt Franz seinen alten Freund.
»Nein, wozu auch?«, antwortet Willi. »Meine Frau bestimmt, wohin wir fahren, mein Chef bestimmt, wann wir fahren, und meine Bank, wie lange wir fahren.«

Nach seinem Spanienurlaub schwärmt Kalle seinen Kumpels vor: »Das war ein wirklich großartiger Urlaub. Wir haben gut gegessen, viel gefeiert, am Strand gefaulenzt und uns gegenseitig im Sand eingebuddelt.«
»Das klingt ja echt super!«, sagt einer seiner Stammtischbrüder. »Und wo fährst du nächstes Jahr hin?«
»Na wieder nach Spanien, irgendwann muss ich meine Frau doch auch wieder ausbuddeln!«

Bei Windstärke neun schippert das Kreuzfahrtschiff über das unruhige Meer. Alle Passagiere beugen sich über die Reling. Frau Schneider steht neben ihrem ebenfalls seekranken Gatten. Plötzlich stößt sie ihn an und raunt: »Horst, schau mal das Gesicht der Frau da drüben an – so zartgrün lasse ich mir mein nächstes Ballkleid machen!«

☺

Das Ehepaar hat sich im Reisebüro heillos zerstritten. Endlich schimpft er: »Gut, dann nehme ich Hawaii, und für meine Frau buchen Sie was Nettes im Allgäu!«

☺

»Was denn, Herr Lehmann, Sie wollen Paris in drei Tagen kennengelernt haben? Wie haben Sie das denn gemacht?« »Ganz einfach: Arbeitsteilung. Meine Frau hat die Bauwerke und Museen besichtigt, meine Tochter die Boutiquen und ich die Kneipen!«

☺

Frau Schmidt kommt aus dem Urlaub zurück. Stolz erzählt sie ihrer Nachbarin: »Du kannst dir gar nicht vorstellen, wie ich umschwärmt wurde!« »Ja, ja, wir hatten hier auch eine furchtbare Mückenplage!«

☺

Oma Else ist mit den Damen aus ihrem Strickclub unterwegs auf einer Butterfahrt. Nach einer Weile geht sie nach vorne zum Busfahrer, hält ihm eine Tüte mit Nüssen hin und fragt:

»Wollen Sie ein paar Nüsse haben?«

Der bedankt sich und greift zu. Ein paar Minuten später kommt sie wieder: »Wollen Sie ein paar Nüsse haben?«

Das geht ein paar Mal so, bis der Busfahrer schließlich fragt: »Das ist ja furchtbar nett, aber wo haben Sie denn die ganzen Nüsse her?«

Oma Else lächelt ihn an und antwortet: »Wissen Sie, wir essen so gerne Ferrero Küsschen, aber die Nüsse sind uns immer zu hart!«

Die Müllers erzählen stolz von ihrem Sommerurlaub in Norwegen. Fragt ein Freund: »Habt ihr denn auch die vielen Fjorde gesehen?«

Antwortet Herr Müller: »Natürlich. Du glaubst gar nicht, wie zutraulich diese Tierchen sind!«

»Nun, Herr Meier, wie hat Ihnen denn in Rom die Sixtinische Kapelle gefallen?«

»Die habe ich gar nicht gesehen. Wird wohl auf Tournee gewesen sein!«

Verzweifelt schleppt sich ein Verirrter durch den Wüstensand.

»Wasser! Wasser!«, stöhnt er. Nach zwei Tagen sieht er plötzlich einen Mann mit Bauchladen, der Krawatten verkauft.

»Schöne Krawatten gefällig?«

Der Verirrte winkt ab und röchelt: »Was soll ich mit Krawatten? Ich habe Durst …! Wasser!«

Tage später sieht der Verdurstende am Horizont eine Oase. Er erreicht sie mit Müh und Not und sieht unter Palmen ein Restaurant.

»Wasser, Wasser«, stöhnt er mit letzter Kraft.

»Können Sie haben«, meint der Portier, »aber ohne Krawatte kommen Sie hier nicht rein!«

Ehepaar Stümpel verbringt seinen Urlaub in einem All-inclusive-Hotel. Als Herr Stümpel zum fünften Mal vom Buffet mit gefüllten Tellern kommt, zischt ihn seine Frau an: »Herbert, nun hör doch endlich auf. Die anderen Gäste denken bestimmt schon, dass du verfressen bist!«

»Quatsch, ich sage doch immer, es sei für dich!«

Nach einem heißen Urlaubsflirt stehen Heinz und die hübsche Suse am Tage der Abreise am Flughafen. Traurig sagt Suse:

»Ach Heinz, ich habe auf einmal das Gefühl, dass du bald nicht mehr an mich denken wirst. Du bist bestimmt wie alle anderen Männer auch. Sicher hast du zu Hause sogar eine feste Freundin.«

»Na ja, ich muss dir da was gestehen«, sagt Heinz plötzlich kleinlaut. »Ich bin verlobt!«

Suse gibt Heinz eine schallende Ohrfeige und funkelt ihn an: »Du Schwein! Mir verdrehst du hier den Kopf und dabei wartet deine Verlobte auf dich – das ist ja das Allerletzte! Wenn Peter so etwas täte!«

»Moment mal, wer ist denn Peter?«

»Mein Mann natürlich!«

In einer Kneipe sitzen ein junger Mann und ein älterer Mann zusammen und unterhalten sich. Sagt der Jüngere: »Das Erste, was ich tun werde, wenn ich heirate, ist, meine Schwiegermutter für mindestens fünf Jahre in den Urlaub zu schicken!«

Darauf der ältere Herr: »Ihre Idee gefällt mir! Haben Sie nicht Lust, eine meiner Töchter zu heiraten?«

Friedebert ruft mitten in der Nacht empört beim Portier seines Hotels an und beschwert sich: »Ich habe eine Maus bei mir im Zimmer!«

Darauf der Portier: »Ach, das macht nichts, die Dame kann sich auch morgen anmelden.«

Pfarrer Gottlieb ist im Urlaub in Afrika. Bei einer Safari sieht er sich plötzlich von einem Rudel Löwen umzingelt. Flucht ist unmöglich. Da fällt er auf die Knie, schließt die Augen und betet: »Oh Herr, verschone mich und gib mir ein Zeichen deiner Gnade! Befiehl diesen Löwen, sich wie echte Christen zu verhalten!«

Als Pfarrer Gottlieb wieder aufblickt, sitzen die Löwen im Kreis um ihn herum, haben die Pfoten gefaltet und beten: »Komm, Herr Jesus, sei unser Gast und segne, was du uns bescheret hast.«

Herr Müller reist spontan in die Berge. In einem beliebten Ferienhotel fragt er den Portier, ob es wohl ein freies Zimmer für ihn gäbe.

»Leider nein«, antwortet der Portier.

Darauf Herr Müller: »Aber wenn Claudia Schiffer käme, für die hätten Sie ein Zimmer frei?«

»Aber natürlich, jederzeit!«

»Na dann geben Sie mir bitte ihr Zimmer. Claudia Schiffer kommt nämlich heute nicht!«

»Wie war denn euer Urlaub in Frankreich?«

»Ach, ganz fabelhaft!«

»Und wie fandest du den Eiffelturm in Paris?«

»Na zum Glück hatten wir unser Navigationssystem dabei!«

Herr Lehmann verbringt seinen Urlaub in einem kleinen Hotel. Am zweiten Morgen ruft er den Kellner zu sich an den Tisch:

»Herr Ober, ich hätte gerne zum Frühstück zwei Eier, eines steinhart, das andere dafür roh, dazu einen verkohlten Toast und eine lauwarme Brühe, die Sie hier wohl Kaffee nennen.«

»Mein Herr, ich weiß nicht, ob sich das machen lässt«, gibt der Kellner erstaunt zurück.

Darauf Herr Lehmann: »Aber wieso denn das? Gestern ging es doch auch!«

Familie Schneider macht Urlaub in Schottland. Dort besichtigen sie Loch Ness in der Hoffnung, dem Ungeheuer Nessie zu begegnen. Nach langem Warten fragt Herr Schneider schließlich den Fremdenführer MacDoogle: »Wann taucht Nessie denn immer auf?«

Darauf MacDoogle: »Gewöhnlich nach vier Scotch.«

Ein geplagter Ehemann klagt sein Leid: »Vor zwei Jahren wurde meine Frau im Urlaub schwanger. Im vorigen Jahr wieder. So darf das nicht weitergehen, heuer fahre ich mit!«

Ehepaar Lehmann macht eine Kreuzfahrt. Sie stehen eines Abends an der Reling und betrachten den Sonnenuntergang über dem Meer. Da kommt ein Steward vorbei und warnt Frau Lehmann:

»Geben Sie Acht, meine Dame. Sonst fallen Sie noch ins Wasser!«

Wütend dreht sich Herr Lehmann um und meint: »Jetzt mischen Sie sich hier nicht ein. Ist das meine Frau oder Ihre?!«

Auf einer Safari begegnet den Urlaubern ein Tiger. Ängstlich fragt einer den Reiseleiter: »Ist der denn nicht gefährlich?«

»Nein, keine Sorge, der ist satt!«

»Woher wissen Sie denn das?«

»Weil Herr Müller fehlt!«

Der Berliner Detlev besucht zum ersten Mal Rom. Dort fragt er einen Fremdenführer: »Wo finde ick denn dat Kolosseum?«

Der Fremdenführer mustert ihn von oben bis unten und meint dann: »Dritte Straße rechts, dann noch hundert Meter. Aber Sie können es kaum verfehlen – nebenan steht 'ne Currywurst-Bude!«

Am letzten Tag ihres Urlaubs gehen Herr und Frau Blitzer in ein teures Restaurant. Als der Kellner ihnen die Mäntel bringt, fragt er: »Hat es Ihnen bei uns gefallen?«
Darauf Herr Blitzer: »Na ja, schade, dass wir Ihr Restaurant nicht schon ein paar Tage früher entdeckt haben.«
»Das freut uns aber. Hat es Ihnen wohl so gut geschmeckt?«, antwortet der Kellner glücklich.
»Nein, aber dann wäre der Fisch vielleicht noch frisch gewesen!«

Familie Müller macht Urlaub in den Bergen. Der Maxl fragt: »Papi, darf ich auf den Felsen dort klettern?«
»Wenn du unbedingt willst«, sagt sein Vater, »aber wenn du runterfällst und dir die Beine brichst, dann komm nicht heulend angelaufen!«

Peter ist in Eile – schon in wenigen Minuten geht sein Flieger. Zuvor will er sich aber unbedingt noch mit etwas Proviant eindecken.
»Schnell, schnell«, meint er zum Verkäufer am Imbissstand, »ein belegtes Brötchen – ich muss weg!«
Darauf der Verkäufer: »Dann nehmen Sie das Käsebrötchen – das muss auch weg!«

Ein Ostfriese macht Urlaub in Tirol. Er spaziert über eine Wiese und trifft auf einen alten Tiroler Bergbauern. Der Ostfriese sagt zum Tiroler: »Na, ein herrlicher Tag heute?«

Darauf der Tiroler: »Ja, ja.«

Der Ostfriese versucht es noch einmal: »Viele schöne Berge haben Sie hier.«

Antwortet der Tiroler: »Ja, ja.«

»Wunderbare Luft!«

»Ja, ja.«

Schließlich der Ostfriese entnervt: »Aber viele dumme Leute gibt es hier.«

Darauf der Tiroler beiläufig: »Ja, ja, aber die fahren zum Glück nach den Ferien alle wieder heim!«

Zollbeamter zu den Reisenden: »Haben Sie Devisen?«
»Nur eine: Seid nett zueinander!«

Familie Köhler macht Urlaub auf Burg Rabenstein. Kurz nach ihrer Ankunft fragt Herr Köhler die Hauswirtin: »Gibt es bei Ihnen auch Gespenster?«

Darauf antwortet die Frau lachend: »Aber nein! Ich habe noch nie eines gesehen, und ich lebe schon über 300 Jahre hier!«

Otto berichtet seinen Kegelbrüdern von seinem Urlaub: »Und Wellenreiten wollte ich auch mal ausprobieren – aber glaubt ihr, der blöde Gaul hätte auch nur einen Schritt ins Wasser gemacht?«

Herr und Frau Hille machen eine Kreuzfahrt. Als das Schiff an einer kleinen Insel vorbeikommt, sehen sie dort einen völlig zerlumpten Mann aufgeregt auf und ab hüpfen, der wild gestikuliert.
»Entschuldigen Sie, aber was ist denn mit diesem Mann los?«, fragt Herr Hille den Kapitän.
»Ach, keine Ahnung«, antwortet dieser, »aber der macht immer so einen Aufstand, wenn wir hier vorbeifahren!«

Treffen sich zwei Ehepaare nach den Ferien.
»Na, wo wart ihr im Urlaub?«, fragt die eine Frau.
»Ach, wir waren nur auf Balkonien«, antwortet die andere.
»Balkonien? Das klingt ja exotisch. Wo ist denn das?«, fragt die Frau.
Da antwortet der Ehemann der anderen Frau: »Das ist eine kleine Diktatur in Zentraleuropa!«

In einem großen Bürogebäude fragt ein Herr den Portier: »Entschuldigen Sie, aber in welchem Stockwerk befindet sich das Reisebüro?«
»Im vierten Stock. Möchten Sie mit dem Lift fahren?«
»Oh nein, ich dachte eher an eine Kreuzfahrt!«

Hein Blöd ist im Urlaub und fragt im Hotel nach einem Zimmer. Die Dame am Empfang bietet ihm ein Zimmer mit Blick auf die Berge.
»Das kostet allerdings dreißig Euro mehr!«, fügt sie hinzu. Hein Blöd druckst herum und fragt schließlich: »Und wenn ich hoch und heilig verspreche, dass ich garantiert nicht aus dem Fenster schaue?«

Frau Müller hat eine Zugfahrt nach Rom im Schlafwagen gebucht. Leider schnarcht der Mann in der Kabine neben ihr so laut, dass sie kaum schlafen kann. Entnervt klopft sie an die Wand. Das Schnarchen hört auf, kurz darauf geht es aber wieder los. Noch einmal klopft Frau Müller – und für kurze Zeit ist es still. Als es wieder losgeht, klopft sie erneut. Da ertönt es plötzlich aus der Kabine neben ihr:
»Nun hören Sie schon auf. Ich habe Sie beim Einsteigen gesehen, Sie sind nicht mein Typ!«

Der Kapitän meldet sich aus dem Cockpit: »Verehrte Fluggäste, es gibt eine gute und eine schlechte Nachricht. Zuerst die schlechte Nachricht: Unser Flugzeug wurde von Entführern gekapert. Nun die gute: Sie wollen nach Bora-Bora!«

Ehepaar Friese macht Urlaub in Italien. Während sie gerade durch die Weinberge fahren, meint Frau Friese zu ihrem Mann: »Herbert, hier ist es einfach wunderbar. Ich bin ganz sprachlos!«
Darauf ihr Mann: »Wenn das so ist, dann bleiben wir noch zwei Wochen länger!«

Der Handelsreisende Joost steigt in einem kleinen Hotel in der Pampa ab. Morgens um halb sechs klopft das Zimmermädchen unsanft an der Tür.
»Was soll denn das?«, brummt Joost ärgerlich. »Ich wollte doch erst um acht geweckt werden!«
Darauf das Zimmermädchen: »Das mag ja schon sein, aber wir brauchen die Bettlaken für die Frühstückstische!«

Der Kabinensteward zum seekranken Patienten: »Möchten Sie das Abendessen auf Ihre Kabine serviert haben, oder sollen wir es gleich über Bord werfen?«

Tierisch witzig!

Sagt die Gans auf dem Geflügelhof zu den anderen: »Wir treten in den Hungerstreik, dann sind wir zu Weihnachten nur noch Haut und Knochen!«

Sagt das Huhn zum Schwein: »Wir sollten fusionieren. Du lieferst den Schinken und ich das Ei. Schinken mit Ei, das mögen die Menschen.«
Darauf das Schwein: »Aber dabei gehe ich ja drauf!«
Meint das Huhn: »Bei einer Fusion geht immer einer drauf!«

Gabriel kommt ins Zoogeschäft und zückt sein lang gespartes Taschengeld: »Guten Tag! Ich möchte einen sprechenden Papagei kaufen!«
»Tut mir wirklich leid, aber zurzeit haben wir keinen sprechenden Papagei«, sagt der Verkäufer.
Als er Gabriels trauriges Gesicht sieht, fügt er schnell hinzu: »Aber wir haben einen ganz tollen Specht!«
»Einen Specht? Kann der denn sprechen?«, fragt Gabriel.
»Sprechen nicht – aber morsen.«

Vor sechzig Millionen Jahren treffen sich zwei Dinosaurier. Der eine zieht eine traurige Miene.

»Was ist denn mit dir los?«, fragt der andere.

»Ach, ich bin nur so traurig, weil wir doch bald alle aussterben«, antwortet der mit dem traurigen Gesicht.

»Na, mach dir nix draus«, sagt der andere tröstend, »wir werden doch im Überraschungsei wiedergeboren!«

Kommt ein Frosch in den Laden. Fragt der Verkäufer: »Was darf's denn sein?«

Frosch: »Quark«

Zwei Tiere begegnen sich im Zoo.

»Was bist du denn für ein Tier?«

»Ich bin ein Wolfshund.«

»Was soll denn das sein?«

»Na, mein Vater war ein Wolf und meine Mutter ein Hund. Und was bist du?«

»Ein Ameisenbär!«

Welche drei Worte machen den Hammerhai im Ozean glücklich?

Mann über Bord.

Spazieren zwei Pinguine durch die Wüste Gobi.
»Hier muss es ja verdammt glatt sein!«, sagt der eine zum anderen.
»Wieso das denn?«
»Schau doch mal, wie viel Sand die hier gestreut haben.«

Ein Hase kommt in eine Kneipe.
»Ein Kölsch und nen Schnaps, du Arsch!«
Der Hase trinkt aus, zahlt und geht. Am nächsten Tag wiederholt sich das Spiel: »Ein Kölsch und nen Schnaps, du Arsch!«
Daraufhin wird der Wirt sauer: »Wenn du mich noch einmal Arsch nennst, nagel ich dich mit deinen zwei Ohren an der Decke fest!«
Am nächsten Tag kommt der Hase wieder, setzt sich an die Theke und fragt: »Hattu Hammer?«
»Nein«, antwortet der Wirt.
»Hattu Nägel?«, fragt der Hase. Wieder verneint der Wirt.
Darauf der Hase: »Dann ein Kölsch und nen Schnaps, du Arsch!«

Ein kleiner Igel verirrt sich ins Gewächshaus. Da stößt er plötzlich auf einen Kaktus und atmet erleichtert auf: »Endlich habe ich dich gefunden, Mami!«

Die kleine Ella kommt in die Zoohandlung und sagt zum Verkäufer: »Ich hätte gern ein Kaninchen.«
Darauf der Verkäufer: »Möchtest du denn das kleine braune mit den niedlichen Knopfaugen oder das kuschelige kleine weiße?«
Da antwortet Ella: »Das ist meiner Python völlig egal!«

Treffen sich ein blinder Hase und ein blindes Krokodil.
»Was bist du denn?«, fragt das Krokodil den Hasen.
»Na, fühl doch mal!«, fordert es der Hase auf.
Daraufhin befühlt das Krokodil den Hasen und meint: »Weiches Fell, lange Ohren, hmmm … du musst ein Hase sein!«
Der Hase: »Ja, richtig«.
Dann befühlt der Hase das Krokodil: »Hmmm … kurze Beine, großes Maul, langer Schwanz … du musst ein Italiener sein!«

Nachdenklich betrachten zwei Elefantendamen ein Zebra, das gerade an ihnen vorbeiläuft.
»Die Modeschöpfer haben schon recht«, meint die eine.
»Wieso das?«, fragt die andere.
»Na ja, Streifen machen schlank.«

Ein Zebra ist aus einem Zoo ausgebrochen. Es kommt auf einen Bauernhof. Da trifft es eine Kuh und fragt: »Was bist du?«

»Ich bin eine Kuh und ich gebe den Menschen meine Milch.«

Nach einer Weile trifft es einen Hengst und fragt: »Was bist du?«

»Ich bin ein Hengst.«

»Und wozu bist du da?«

Der Hengst mustert das Zebra kritisch, dann sagt er: »Zieh du erst mal deinen albernen Schlafanzug aus, dann wirst du schon sehen, wozu ich da bin!«

Fragt der Lehrer: »Wer von euch kann mir sechs Tiere nennen, die in Australien leben?«

Meldet sich Karlchen: »Ein Koala, ein Krokodil und vier Kängurus.«

Eine Schnecke beginnt mitten im Winter damit, einen Baum zu besteigen.

»Was willst du denn mitten im Winter auf dem Apfelbaum?«, fragt der Vogel überrascht.

»Mich in einen Apfel reinfressen.«

»Aber es sind noch gar keine dran.«

»Wenn ich oben bin, schon!«

Das Brontosaurierbaby fragt seinen Vater: »Papa, kommen wir Brontosaurier auch in den Himmel?«
»Nein, ins Museum!«

☺

Ein Hase sitzt weinend auf der Wiese. Ein Reh kommt vorbei: »Warum weinst du denn?«
»Der Bär hat gefragt, ob ich fussle. Als ich nein gesagt habe, hat er mich als Klopapier benutzt!«
Am nächsten Tag sitzt der Hase lachend auf der Wiese. Wieder kommt das Reh vorbei: »Warum lachst du denn?«
»Heute hat der Bär den Igel gefragt!«

☺

Im Biologieunterricht fragt der Lehrer: »Zu welcher Tierart gehört der Puma?«
»Zu den Wildkatzen!«, antwortet der Klassenstreber.
Da tönt es aus den hinteren Reihen: »Und zu welcher Tierart gehört der Adidas?«

☺

Zwei Flöhe kommen aus dem Theater. Es regnet in Strömen. Fragt der eine den anderen: »Gehen wir zu Fuß, oder nehmen wir uns einen Hund?«

☺

Sagt die Heringsmutter zu ihrem jüngsten Kind: »Schwimm gerade! Sonst wirst du noch ein Rollmops!«

Eine Ziege und eine Schnecke wollen eine Gehaltserhöhung beantragen. Die Ziege geht ins Büro vom Chef und kommt ein paar Minuten später wieder raus.
»Leider nichts geworden«, meint sie niedergeschlagen. Dann betritt die Schnecke das Büro vom Chef und kommt nach ein paar Minuten freudestrahlend wieder heraus.
»Jetzt sag bloß, du hast die Gehaltserhöhung bekommen!«, sagt die Ziege. »Wie haste denn das geschafft?«
Darauf die Schnecke: »Ja, schleimen muss man können, nicht meckern!«

Die Waschmaschine von Frau Gutfried ist kaputt. Sie ruft beim Kundendienst an, wo man ihr versichert, dass am nächsten Vormittag ein Handwerker vorbeischauen wird. Da sie vormittags aber zum Arzt muss, sagt sie dem Handwerker: »Ich lege den Schlüssel unter die Türmatte. Gehen Sie einfach rein und reparieren die Waschmaschine. Die Rechnung können Sie auf den Tisch legen. Vor meinem Dobermann brauchen Sie keine Angst zu haben, der tut Ihnen nichts. Aber auf keinen Fall, unter keinen Umständen, dürfen Sie mit dem Papagei sprechen!«
Am nächsten Tag kommt der Mann vom Kundendienst. Alles ist genauso wie beschrieben. Er nimmt den Schlüssel, betritt die Wohnung und repariert die Waschmaschi-

ne. Der Dobermann ist wirklich ein riesiges, furchterregendes, doch ganz friedliches Exemplar. Der Papagei hingegen lässt ununterbrochen die übelsten Beschimpfungen und Ausdrücke fallen, schreit und zetert die ganze Zeit. Irgendwann kann sich der Mann nicht mehr zurückhalten: »Halt's Maul, du blöder Vogel!«

Darauf der Papagei: »Fass, Bello!«

Pferd und Esel streiten sich darüber, wer von ihnen wohl am meisten wert ist. Das Pferd zählt stolz auf, was Pferde in der Vergangenheit schon alles geleistet haben: »Ohne uns wäre der Wilde Westen nicht erkundet worden, und bevor es Autos gab, waren wir das einzige Fortbewegungsmittel für die Menschen!«

Darauf der Esel: »Aber inzwischen seid ihr Pferde doch schon vollkommen vom technischen Fortschritt verdrängt. Esel aber wird es immer geben!«

Warum gehen die Ameisen nicht zur Kirche?
Weil sie Insekten sind.

Wo wohnen Katzen?
Im Miezhaus.

Was ist der Unterschied zwischen einem Hund und einer Katze?

Der Hund denkt sich: »Mein Herrchen gibt mir immer Futter, wenn ich will; er geht mit mir Gassi, er streichelt mich, er verwöhnt mich. Ich glaube, mein Herrchen ist Gott!«

Die Katze denkt sich: »Ich bekomme immer Futter, wann ich will, ich werde verwöhnt, wann ich will, ich kann machen, was ich will. Ich glaube, ich bin Gott!«

Unterhalten sich zwei Laborratten: »Sag mal, bist du eigentlich mit dem Professor zufrieden?«

»Ja, den hab ich inzwischen sogar schon so weit, dass er mir jedes Mal, wenn ich auf die Klingel drücke, was zu essen bringt!«

Einer Glühwürmchenfrau wird mitgeteilt, dass ihr Ehemann leider verstorben sei.

»Ihrem Mann war wirklich nicht mehr zu helfen«, sagt der Arzt.

»Was hatte er denn? Er war doch immer gesund«, weint die Glühwürmchenfrau.

Darauf der Arzt: »Es war ein ganz plötzlicher Kurzschluss!«

Treffen sich zwei Schnecken auf einem Waldweg. Die eine hat ein übles Veilchen. Fragt die andere: »Wo hast du denn das blaue Auge her?«

»Ich war gestern im Wald joggen, und plötzlich wächst da vor mir ein Pilz aus dem Boden!«

Treffen sich zwei Hunde, ein Pudel und eine Promenadenmischung, auf der Hundewiese. Sagt der Pudel: »Ich bin von adeliger Herkunft. Ich heiße Fritzi von Haubenstein. Und du, bist du auch adelig?«

»Natürlich«, sagt die Promenadenmischung nach kurzem Überlegen, »ich heiße Runter vom Sofa!«

»Wenn eure Mutter das wüsste!«, sagt der Hahn tadelnd zu den Küken. »Sie würde sich auf dem Grill umdrehen!«

Sitzen zwei Vögel auf einer Mauer. Kommt ein Düsenjet vorbei. Da sagt der eine Vogel: »Wow, der fliegt aber schnell!«

Antwortet der andere: »Wenn dir der Arsch brennt, würdest du auch so schnell fliegen!«

Treffen sich zwei Männer: »Du, mein Hund jagt immer Leute mit einem Fahrrad.«
Erwidert der andere: »Ja, und was willst du jetzt dagegen tun?«
»Ich nehm ihm das Rad wieder weg!«

Schweinchen Babe geht in die Schule. Die Lehrerin fragt: »Na, Schweinchen Babe, was möchtet du mal werden, wenn du groß bist?«
Sagt Schweinchen Babe: »Wurscht!«

Ein Polizist hält ein Auto an. Am Steuer sitzt ein Hund und auf dem Beifahrersitz ein Mann. Der Polizist schreit den Mann an: »Sind Sie wahnsinnig? Sie können doch den Hund nicht fahren lassen!«
Darauf der Mann: »Das ist nicht mein Hund. Ich wurde nur als Anhalter mitgenommen!«

Die kleine Schildkröte klettert mühselig auf einen hohen Baum. Oben angekommen verschnauft sie kurz, schaut erwartungsvoll zu zwei Vögeln, die auf einem anderen Ast sitzen, springt und breitet die Beinchen auseinander. Sie prallt heftig auf dem Boden auf, schüttelt sich kurz, macht sich aber sogleich wieder auf den Weg nach oben. Das ganze Spiel wiederholt sich einige Male. Plötzlich stupst der eine Vogel den anderen an und meint: »Schatz, ich glaube, es ist an der Zeit, ihm zu sagen, dass er adoptiert ist!«

Im Hamburger Zoo ist der letzte Gorilla gestorben. Da man die Besucher nicht enttäuschen will, heuert man einen Studenten an, der gegen gute Bezahlung die Rolle übernimmt. In seinem Gorillakostüm gibt er richtig Gas: Brüllt, klettert, hängt sich an ein Seil und schwingt und schwingt – da rutscht er plötzlich ab und landet im Löwenkäfig.
»Hilfe, Hilfe!«, schreit der Student in Panik, als sich ihm ein Löwe gefährlich nähert.
Da flüstert ihm ein Löwe zu: »Sei bloß ruhig, sonst sind wir beide unseren Job los!«

Treffen sich ein Erdmännchen und eine Giraffe in der afrikanischen Steppe. Sagt die Giraffe zum Erdmännchen: »Weißt du, wie toll es ist, einen so langen Hals zu haben? Wenn ich etwas esse, dann schmecke ich es noch lange! Und wenn ich etwas Kühles trinke, dann ist es noch lange kühl in meinem Hals.«
Darauf das Erdmännchen: »Na und? Schon mal gekotzt?«

Woran kann man einen Braunbären von einem Grizzly unterscheiden?
Der Grizzly schüttelt dich vom Baum runter, der Braunbär kommt hoch zu dir!

Jeden Dienstag treffen sich die Regenwurmfrauen im Blumenbeet zum Tratschen. Eine weint bitterlich.
»Was ist denn los, meine Liebe?«, fragen die anderen erstaunt.
»Ach, es ist ganz schrecklich«, schluchzt sie. »Mein Mann ist beim Angeln.«

Kurt geht in die Zoohandlung und will sich ein ganz besonderes Tier kaufen. Er sieht einen Tiger und fragt den Verkäufer, ob der Tiger denn was für ihn wäre.
»Ein tolles Haustier!«, antwortet der Verkäufer. »Der Tiger wird Ihnen ein treuer Freund sein – kann ich also nur empfehlen. Aber bitte befolgen Sie meinen Rat: Drücken Sie ihm niemals auf die Nase!«
Kurt ist begeistert und kauft den Tiger. Die beiden werden die besten Freunde, haben viel Spaß zusammen, spielen Frisbee auf der Wiese im Park, gehen zusammen schwimmen. Aber das mit der Nase lässt Kurt nicht los, und eines Tages drückt er seinem Tiger doch auf die Nase. Daraufhin springt der Tiger auf, brüllt laut und Kurt rennt davon. Doch der Tiger verfolgt ihn, und nach mehreren hundert Metern geht Kurt die Puste aus. Der Tiger holt

ihn ein, reißt ihn mit seinen Pranken herum, drückt ihm auf die Nase und kichert: »Du bist!«

☺

Zwei Regenwürmer kriechen die Champs-Élysées in Paris entlang. Da kreuzt eine haarige Raupe ihren Weg. Meint der eine Regenwurm: »Schau mal, der Snob war mal wieder beim Luxus-Friseur!«

☺

Sieglinde ist auf dem Weg zum Supermarkt, als ihr ein Papagei von einem offenen Fester aus zuruft: »Du siehst richtig scheiße aus!«
Empört geht Sieglinde weiter.
Auch am nächsten Tag kräht der Papagei wieder: »Du siehst richtig scheiße aus!«
Eine ganze Woche geht das jeden Tag so, doch dann wird es Sieglinde zu bunt. Sie klingelt und warnt den Besitzer, dass sie ihn anzeigen würde, sollte der Papagei sie noch einmal beleidigen. Der Besitzer verspricht, sich darum zu kümmern und dem Papagei eigenhändig den Hals umzudrehen, sollte er Sieglinde noch einmal beschimpfen.
Am nächsten Tag läuft sie wieder an dem Haus vorbei. Da zischt der Vogel leise: »Du weißt Bescheid …«

☺

Wie nennt man ein Schwein mit einem Ausweis?
Passau!

☺

Auf einem Bauernhof im schönen Allgäu jagt die Katze eine Maus. Auf ihrer Flucht rennt die Maus in den Kuhstall und fragt die Kuh: »Hey, die Katze will mich fressen und ich muss mich verstecken! Kannst du mir helfen?«
Die Kuh nickt und lässt einen Kuhfladen auf die Maus fallen. Da kommt auch schon die Katze.
»Hast du die Maus gesehen?«, fragt sie die Kuh. Die Kuh schüttelt den Kopf. Da entdeckt die Katze den Schwanz der Maus, der aus dem Kuhfladen ragt, zieht die Maus an ihrem Schwanz aus dem Mist und frisst sie genüsslich.
Was lernen wir daraus? Nicht jeder, der dich anscheißt, ist dein Feind. Und nicht jeder, der dich aus der Scheiße zieht, ist dein Freund. Und wenn du schon in der Scheiße steckst, zieh wenigstens den Schwanz ein!

Die Biene Maja ist mit ihrem Freund Willi verabredet. Als Willi angeflogen kommt, trägt er eine riesige Sonnenbrille.
»Willi, warum hast du denn so 'ne riesige Sonnenbrille auf?«, fragt Maja.
Da antwortet Willi: »Na, ist doch klar. Damit mir keine Mücke ins Auge fliegt!«

»Lässt Ihr Hund eigentlich fremde Personen an sich heran?«, fragt die eine Hundebesitzerin die andere.
»Klar, wie sollte er sonst zubeißen können?«

Zwei Schlangen schlängeln sich durch den Urwald. Plötzlich fragt die eine die andere: »Sind wir eigentlich giftig?«
»Klar, wir sind sogar sehr giftig!«
»Scheiße!«
»Was ist denn los?«
»Ich hab mir auf die Zunge gebissen!«

Hein Blöd führt seinen Hund spazieren. Im Park wird er von einer anderen Hundebesitzerin angesprochen: »Das ist aber ein schöner Hund! Hat er denn auch einen Stammbaum?«
Antwortet Hein Blöd: »Aber selbstverständlich! Dort drüben, gleich den ersten rechts neben der Bank.«

Der Mäuserich zu seiner Angebeteten: »Wenn du meinen Heiratsantrag ablehnst, werfe ich mich sofort vor die nächste Katze!«

Was sagt das Krokodil im Zirkus, wenn es gerade den Clown verspeist hat?
»Schmeckt irgendwie komisch!«

Ein philosophierender Floh fragt einen anderen: »Glaubst du, es gibt Leben auf anderen Hunden?«

Bei einer Nachlassversteigerung kommt auch der Papagei des Verstorbenen unter den Hammer. Der Auktionator beginnt bei einem Preis von 200 Euro. Frau Müller will den Papagei unbedingt haben, deshalb bietet sie mit. Bald bietet neben ihr nur noch ein anderer. Der Preis schaukelt sich immer höher, bei 2500 Euro wird es ihr zu bunt und sie ruft: »Das ist mein letztes Gebot!«
Daraufhin erhält sie den Zuschlag. Als Frau Müller später beim Auktionator bezahlt, meint sie: »So viel wollte ich eigentlich nicht ausgeben, hoffentlich kann der Vogel wenigstens sprechen.«
Da antwortet der Auktionator: »Natürlich, oder was glauben Sie, wer gegen Sie geboten hat!«

Ein hässlicher Mann mit einem Frosch auf dem Kopf kommt zum Arzt. Der Arzt fragt: »Wie ist denn das passiert?«
Daraufhin antwortet der Frosch: »Ich weiß auch nicht, es hat mit einem Pickel am Arsch angefangen ...«

Im Zoo beobachtet Hans eine spektakuläre Nummer: Eine Katze spielt Cello, während ein Dackel dazu pfeift.

Nach der Vorstellung geht er begeistert zum Dresseur: »Das war ganz unglaublich! Da steckt doch bestimmt ein Trick dahinter?«

Darauf der Dresseur: »Da haben Sie uns aber durchschaut. In Wirklichkeit pfeift nämlich die Katze, der Dackel spitzt nur die Lippen!«

Oma Else will sich einen Papagei kaufen, um nicht mehr so einsam zu sein. In der Tierhandlung sieht sie einen schönen Vogel, der ihr gut gefällt, und fragt: »Na, du kleines Vögelchen, kannst du auch sprechen?«

Da krächzt der Papagei: »Na, du alte Krähe, kannst du auch fliegen?«

Treffen sich zwei Taubenzüchter. Der eine hat schon mehrere Preise eingeheimst, und jetzt will der andere wissen, was sein Erfolgsgeheimnis ist.

»Ich habe meine Brieftauben mit Papageien gekreuzt!«, verrät ihm der andere hinter vorgehaltener Hand.

»Und was soll das bringen?«

»Dann können sie unterwegs nach dem Weg fragen!«

Was bestellt ein Hase im Wirtshaus?
Ein Jägerschnitzel!

Treffen sich zwei Hunde im Park.
»Und was machst du so beruflich?«, fragt der eine.
»Ich bin Polizeihund!«
»Ha, das kann doch gar nicht sein. Du bist viel zu dick und hast krumme Beine!«
»Das ist nur Tarnung. Ich bin verdeckter Ermittler!«

Treffen sich zwei Fische im Ozean. Fragt der eine: »Sag mal, kannst du mir mal deinen Kamm leihen?«
Darauf der andere: »Nee, du hast Schuppen!«

Auf einer Lichtung verbringt ein Mäusepaar romantische Stunden im Mondschein. Plötzlich fliegt eine Fledermaus vorbei.
»Guck mal, Schatz!«, sagt die Mäusefrau. »Ein Engel!«

Ein Kreuzfahrtschiff ist gesunken und nun treibt eine Gruppe Passagiere hilflos im Wasser. Aus den Tiefen des Ozeans kommen ein großer Hai und ein kleiner Hai angeschwommen. Sagt der große Hai: »So, jetzt zeige ich dir mal, wie das richtig geht. Wir tauchen jetzt so weit auf, dass nur unsere Rückenflossen über der Wasseroberfläche zu sehen sind, drehen ein, zwei Runden um die Menschen und treffen uns wieder hier unten!«
Gesagt, getan. Sie treffen sich wieder unten und der große

Hai sagt: »So, und jetzt machen wir das Ganze noch mal, nur dass wir diesmal unsere Kreise um die Menschen ein bisschen enger ziehen.«

Gesagt, getan. Als sie sich wieder unten treffen, meint der große Hai zum kleinen Hai: »So, und jetzt kommen wir von unten und fressen sie alle auf!«

Gesagt, getan. Alle Menschen sind gefressen, und der große und der kleine Hai dümpeln satt und zufrieden im Meer.

Plötzlich fragt der kleine Hai: »Also, das war ja ganz lustig, aber warum sind wir erst zweimal um die Menschen herumgeschwommen? Wir hätten sie doch auch gleich fressen können.«

Antwortet der große Hai: »Ganz einfach, Kleiner: Ausgeschissen schmecken sie einfach besser!«

☺

Eine Weinbergschnecke wird von einer Schildkröte ausgeraubt. Als sie den Vorfall der Polizei schildern soll, seufzt sie: »Ach, Herr Wachtmeister. Das ging alles so schnell …«

☺

Markus geht zum Züchter und kauft sich einen Dobermann.

»Mag der denn auch Kinder?«, fragt er den Züchter.

»Ja schon, aber Hundefutter bekommt ihm besser!«

☺

Treffen sich zwei alte Bekannte. Fragt der eine: »Was biste denn so traurig?«

»Ach, mir ist gestern mein Hund weggelaufen«, antwortet der andere geknickt.

»Na dann gib doch ne Suchanzeige auf!«, schlägt der andere vor.

»So eine dumme Idee – mein Hund kann doch nicht lesen!«

Sitzen zwei Hennen auf der Stange. Die eine hüstelt vor sich hin.

»Was hast du denn?«, fragt die andere Henne.

»Ich glaube, ich brüte was aus!«

Fritzchen kommt ins Zoogeschäft.

»Ich hätte gerne einen Goldfisch!«, sagt er zum Verkäufer.

»Der kostet zwölf Euro«, sagt der Verkäufer.

Fritzchen hat aber nur zehn Euro dabei. Er überlegt kurz, dann hat er die Lösung und meint strahlend zum Verkäufer: »Dann geben Sie mir bitte einen Silberfisch!«

Ein Hase kommt zum Metzger.

»Hattu Möhrchen?«, fragt er. Der Metzger schüttelt den Kopf.

Am nächsten Tag kommt der Hase wieder: »Hattu Möhrchen?« Wieder verneint der Metzger.

Ein paar Tage lang wiederholt sich das jeden Tag. Irgendwann ist der Metzger genervt und hängt ein Schild an die Tür: »Möhrchen ausverkauft!«

Daraufhin stürmt der Hase wutentbrannt in die Metzgerei und brüllt den Metzger an: »Hattu doch Möhrchen gehabt!«

Hein Blöd geht mit seinem Hund Gassi. Im Park lässt er ihn von der Leine und setzt sich gemütlich auf eine Bank in den Sonnenschein. Ein paar Minuten später kommt ein Polizist: »Nehmen Sie sofort Ihren Hund an die Leine. Er jagt ein kleines Kind auf einem Fahrrad durch den Park!«

Antwortet Hein Blöd: »Das ist nicht mein Hund – der hat kein Fahrrad!«

Zwei Tauben wollen heiraten. Kurz vor der Trauung gibt es aber einen riesigen Streit.

»Du hast eine andere!«, schimpft die Taubenfrau.

Darauf der Taubenmann: »Aber Schatz, ich versichere dir, der Ring ist von meinem Züchter!«

Die Elefantendame Hella vom Zirkus hat Husten. Eilig wird ein Tierarzt herbeigerufen. Der untersucht Hella und meint dann zum Zirkusdirektor: »Geben Sie ab jetzt in ihr Wasser eine Flasche Schnaps pro Tag. Das dürfte helfen.«

Nach zwei Tagen will der Tierarzt wieder nach dem Rechten schauen und fragt den Direktor, ob es Hella denn wieder gutgehe.

»Ja, ja, Herr Doktor«, sagt dieser, »die Medizin hat zwar geholfen, aber jetzt haben die anderen zwei Elefanten auch Husten!«

Die Taubenmutter kommt nach einer kleinen Erkundungstour zurück zum Nest. Ihr Jüngster hat mal wieder sein Geschäft mitten im Nest verrichtet.

»Jetzt ist aber langsam Schluss damit!«, schimpft sie ihn. »Es wird Zeit, dass du endlich lernst, aufs Denkmal zu gehen!«

Wuffi und Wauzi aus der bayrischen Provinz kommen zum ersten Mal nach München. Als sie so durch die Leopoldstraße spazieren, kommen sie an einer Parkuhr vorbei.

»So eine Unverschämtheit!«, bellt Wuffi plötzlich. »Sogar für die öffentlichen Toiletten muss man hier was zahlen!«

Kurt war im Urlaub und hat sich dort einen tollen Papagei gekauft. Am Flughafen in Deutschland soll dieser nun verzollt werden. Der Zollbeamte meint: »Also, ein lebendiger Papagei kostet 150 Euro. Ein ausgestopfter wäre allerdings umsonst.«

Da krächzt es plötzlich aus dem Käfig: »Mach bloß keinen Mist, Kurt!«

Treffen sich zwei Frösche am Teich. Der eine hat überall Schrammen, ist über und über mit Pflastern bedeckt und jammert ganz fürchterlich. Da fragt ihn der andere: »Was ist denn mit dir passiert?«

Darauf der verletzte Frosch: »Ach, ich hab mich gestern Abend mit einem anderen Frosch angelegt und erst zu spät gemerkt, dass es ein Knallfrosch war!«

Eines Tages stapft ein Nilpferd in eine Eckkneipe, kippt fünf Bier runter, zahlt und geht. Kurz bevor es zur Tür raus ist, ruft der Wirt erstaunt: »Wahnsinn – hier war ja noch nie ein Nilpferd!«

Da dreht sich das Nilpferd noch mal um und sagt: »Wird auch nicht mehr vorkommen. Bei diesen Preisen!«

Jeden Abend feiern die Tiere des Waldes eine tolle Party und betrinken sich bis zur Besinnungslosigkeit. Am nächsten Tag geht es ihnen immer total schlecht.

Eines Abends sagt der Fuchs: »Tiere des Waldes, so geht es nicht mehr weiter. Wir müssen ein Vorbild sein, und es geht nicht, dass wir immer total betrunken sind!«

Es wird also beschlossen, ab jetzt nichts mehr zu trinken.

Am nächsten Tag macht der Fuchs eine Kontrollrunde. Der Bär ist zwar noch etwas schlapp, das Eichhörnchen hüpft aber schon etwas herum. Insgesamt geht es allen besser.

Dann kommt der Fuchs zum Hasen. Der hängt hinter dem Baum und kotzt sich die Seele aus dem Leib, ist total blau und völlig benommen. Sagt der Fuchs: »Hase! Wir, die Tiere des Waldes, haben gesagt, wir trinken nichts mehr!«

Darauf der Hase: »Ja, es tut mir ja so leid, ich konnte nicht anders, da waren noch ein paar Reste da, die musste ich einfach trinken.«

Darauf der Fuchs: »Na gut, heute lass ich dir das noch mal durchgehen. Aber morgen fress ich dich, wenn ich dich noch mal so betrunken erlebe!«

Am nächsten Tag geht der Fuchs wieder seine Runde. Der Bär kommt ihm schon fröhlich singend entgegen. Das Eichhörnchen ist bereits fleißig beim Nüssesammeln. Kommt er zum Hasen. Der hängt unter dem Baum. Die Löffel hängen herunter, die Augen blau umrandet, völlig fertig. Voll besoffen. Sagt der Fuchs: »Verdammt, Hase! Wir Tiere vom Wald, wir wollten doch nichts mehr trinken!«

Der Hase entschuldigt sich wieder tausendfach und der

Fuchs sagt: »Na gut, eine allerletzte Chance bekommst du noch. Aber morgen fresse ich dich wirklich auf, wenn du wieder besoffen bist!«

Am nächsten Morgen geht der Fuchs wieder seine Runde. Bär und Eichhörnchen geht es sehr gut. Dann kommt er zu dem Baum, wo der Hase normalerweise immer sitzt. Der Hase ist nicht da. Er schaut sich um, sieht nichts. Geht weiter. Da kommt er zu einem Teich. Er sieht ein kleines Stöckchen von einem Strohhalm herausstehen und immer im Kreis herum schwimmen.

»Da kann aber was nicht stimmen!«, denkt er sich und zieht den Strohhalm heraus. Am Strohhalm hängt der Hase dran, wieder total voll, schon fast bewusstlos. Sagt der Fuchs wütend: »Oh verdammt, Hase! Wir Tiere des Waldes, wir haben doch gesagt, wir trinken nichts mehr!«

Lallt der Hase: »Was **ihr** Tiere des Waldes macht, ist **uns** Fischen so was von scheißegal!«

Das »starke« Geschlecht

Horst kommt in eine Buchhandlung: »Guten Tag! Ich suche das Buch *Der Mann, das starke Geschlecht*. Haben Sie das da?«

Darauf die Buchhändlerin: »Schauen Sie mal hinten rechts nach den Kochbüchern, in der Märchenabteilung …«

Was sagt ein Mann, der bis zum Bauchnabel im Wasser steht?

»Das geht über meinen Verstand.«

Leicht verunsichert fragt Udo seine Frau: »Schatz, wenn du die Wahl hättest, würdest du lieber einen intelligenten, einen reichen oder einen attraktiven Mann haben?«

Darauf seine Frau: »Ach Udo, du weißt doch, dass ich nur dich liebe!«

Wie zeigt ein Mann, dass er Zukunftspläne macht?
Er kauft zwei Kisten Bier.

Der in die Jahre gekommene Playboy sagt: »Ich glaube, ich werde langsam alt. Jedes Mal, wenn ich eine schöne Frau anmache, und sie reagiert nicht, bin ich richtig froh!«

Die hübsche Valerie kommt ganz aufgeregt auf die Polizeiwache: »Herr Wachtmeister, Sie müssen mir helfen. Mein Mann ist verschwunden und ich möchte eine Vermisstenanzeige aufgeben.«
»Haben Sie denn ein Bild von ihm?«, fragt der Polizist. Da gibt ihm Valerie ein Bild von ihrem Gatten. Erstaunt meint der Polizist: »Donnerwetter, der ist ja viel älter als Sie, ganz schön dick, und Haare hat er auch keine mehr auf dem Kopf! Und diese hässliche Hornbrille!«
Valerie grübelt kurz und meint: »Ach wissen Sie was, Sie haben recht: Lassen wir das mit der Suche nach ihm!«

Knut stolpert sturzbetrunken aus der Kneipe nach Hause. Bei einer Laterne stoppt er, zieht sich seinen Schlüssel aus der Hosentasche und fummelt damit am Laternenpfahl herum. Da kommt ein Passant vorbei und meint amüsiert: »Bemühen Sie sich nicht, da wohnt keiner!«
»So ein Quatsch!«, lallt Knut. »Sehen Sie nicht, dass im ersten Stock Licht brennt!«

Opa Friedbert steht vor dem Spiegel und streicht sich stolz über den kahlen Kopf. Da meint er plötzlich zu sich selbst: »Mensch, Friedbert, jetzt bist du 75 und immer noch kein einziges graues Haar!«

Drei Männer sitzen auf einer einsamen Insel fest. Da kommt eine Fee und sagt: »Ihr habt alle einen Wunsch frei!«

Der erste sagt: »Ich wünsche mir, dass ich zehnmal schlauer bin als jetzt!« Da ertönt ein großer Knall und der Mann rennt in den Wald, sägt einen Baum ab, baut ein Floß daraus und paddelt von der Insel davon.

Der zweite sagt: »Dann will ich hundertmal schlauer sein, als ich jetzt bin!« Wieder ertönt ein Knall, und der Mann rennt in den Wald und fliegt wenig später mit einem selbstgebauten Flugzeug von der Insel.

Darauf der dritte Mann: »Na, wenn das so ist, möchte ich tausendmal schlauer sein als alle Männer zusammen!« Ein ohrenbetäubender Knall ertönt und plötzlich ist der Mann eine Frau!

Was versteht ein Mann unter einem 7-Gänge-Menü?
Einen Hot-Dog und ein Sixpack Bier.

Hein Blöd kommt in die Bank und sagt zum Mann am Schalter: »Ich möchte gerne ein Konto eröffnen.«

Der Bankangestellte erwidert erstaunt: »Aber Sie haben doch erst letzten Monat ein Konto eröffnet!«

»Ja, ja, ich weiß«, sagt Hein Blöd, »aber das ist ja schon wieder leer!«

Warum sind Blondinenwitze immer so kurz?
Damit auch Männer sie verstehen.

Der knapp 80-jährige Herr Müller trifft seinen langjährigen Freund Herrn Schöller auf der Parkbank.

»Letzte Woche habe ich ein neues Hörgerät bekommen. Das ist so klein und unauffällig, dass man es kaum mehr sieht!«, erzählt er stolz.

»Toll, und was hat es gekostet?«, fragt Herr Schöller nach.

»Halb drei!«

Sitzen zwei Kumpels in einer Kneipe. Fragte der eine den anderen: »Wohin schaust du eigentlich zuerst, wenn du so eine richtig heiße Braut siehst?«

»Na, ob meine guckt!«

»Na, so ein Kind bereichert das Leben doch ungemein, nicht wahr, Hans?«, fragt ein junger Vater den anderen.
»Ach was, unser Sohn hat uns bis jetzt nur ein einziges Mal wirklich Freude bereitet!«, antwortet Hans genervt.
»Und wann war das?«
»Genau neun Monate vor seiner Geburt!«

☺

Die Idealmaße eines Mannes: 80 – 60 – 42. 80 Jahre alt, 60 Millionen auf der Bank und 42 Grad Fieber!

☺

Herr und Frau Laubenpieper sind auf dem Heimweg von einem netten Abend bei ihren Freunden.
»Schatz, warum bist du denn so schweigsam? Bist du sauer auf mich?«, fragt Herr Laubenpieper vorsichtig seine Liebste.
»Ach, du hast wieder einen solchen Schwachsinn erzählt heute Abend«, schimpft Frau Laubenpieper. »Hoffentlich hat keiner gemerkt, dass du nicht betrunken warst!«

☺

Was ist der Unterschied zwischen einem Joghurt und einem Mann?
Der Joghurt hat Kultur.

☺

Was sagte Gott, nachdem er den Mann erschaffen hat?
»Das kann ich aber besser.«

Auf einer Geburtstagsparty sagt Bert zu einem der anderen Gäste: »Sehen Sie mal. Der Typ da drüben ist ja ganz schrecklich angezogen.«
»Na hören Sie mal, der Typ da drüben ist meine Tochter!«
Bert wird ganz blass und versucht noch, sich zu retten: »Oh, entschuldigen Sie bitte, ich wusste nicht, dass Sie der Vater sind.«
»Bin ich auch nicht – ich bin die Mutter!«

Karli kommt von der Schule nach Hause.
»Papa, die Rechenaufgaben, die du für mich gemacht hast, waren alle falsch!«
»Das ist mir aber unangenehm!«
»Macht nichts, Papa. Auch die anderen Väter haben falsch gerechnet!«

Was haben Männer und das Wetter gemeinsam?
Es ist nicht möglich, sie zu ändern.

In welcher Zeitung wird darüber berichtet, wenn ein Mann seine Frau aus dem Fenster wirft?
In der *Bild*-Zeitung.
Und in welcher Zeitung wird darüber berichtet, wenn eine Frau ihren Mann aus dem Fenster wirft?
In *Schöner Wohnen*.

Eine kleine Gehirnzelle hat sich in das Gehirn eines Mannes verirrt.
»Hallo? Jemand da?«, ruft sie in die Dunkelheit.
Keine Antwort. Noch mal ruft sie: »Hallo? Ist jemand da-ha?« Wieder keine Antwort.
Da erscheint plötzlich eine andere kleine graue Zelle und sagt erstaunt: »Mensch, was machst du denn hier oben? Wir sind doch alle unten!«

Paul steigt nach einer ziemlich feuchtfröhlichen Nacht in ein Taxi: »Zum Kirchplatz, bitte!«
»Aber da sind wir schon, mein Herr«, antwortet der Taxifahrer.
Paul kramt in seiner Jackentasche, gibt dem Fahrer einen Geldschein und meint: »Das stimmt so – aber das nächste Mal fahren Sie nicht so schnell!«

Zwei Kneipenbrüder unterhalten sich: »Gestern Abend hab ich meiner Frau mal so ordentlich die Meinung gegeigt und alles rausgelassen, was mich stört!«
»Und, was hast du erreicht?«
»Mit Müh und Not die Tür!«

Warum sind verheiratete Männer dicker als Junggesellen? Der Junggeselle kommt abends nach Hause, geht an den Kühlschrank, findet nichts Anständiges, dann geht er ins Bett. Der Ehemann kommt abends nach Hause, geht ins Bett, findet nichts Anständiges, dann geht er an den Kühlschrank.

»Sag mal, deine Frau hat doch nächste Woche Geburtstag. Was wünscht sie sich denn?«
»Eine Perlenkette oder ein Auto.«
»Und was wirst du ihr schenken?«
»Perlen. Falsche Autos gibt es ja nicht.«

Tommi trifft seinen Freund Peter.
»Na, wie läuft's mit deiner neuen Freundin?«, fragt Peter.
»Ach, hör mir bloß mit Frauen auf. Ich bin stinksauer – gestern hat sie mich einen Halbidioten genannt!«, antwortet Peter launisch.

»Mensch Tommi, reg dich doch nicht so auf, sie wollte dir bestimmt nicht gleich die ganze Wahrheit sagen!«

»Schatz, warum lässt du mich nicht spüren, wenn du einen Orgasmus bekommst?«, fragt Fritz etwas enttäuscht seine Liebste.
»Weil du nie dabei bist!«

Peter kuschelt sich abends im Bett an seine Frau: »Oh là là. Dieses nette Höschen habe ich ja noch nie an dir gesehen!«
»Kein Wunder, ich habe es ja auch erst gestern in deiner Aktentasche gefunden!«

Kommt ein Mann in die Bücherei und fragt die Bibliothekarin: »Ich habe mir letzte Woche hier das langweiligste Buch ausgeliehen, das ich jemals gelesen habe. Es gab so gut wie keine Handlung und viel zu viel Personen.«
Darauf die Bibliothekarin: »Ach, Sie müssen der Trottel sein, der letzte Woche das Telefonbuch mitgenommen hat!«

Warum müssen Frauen mehr schön als intelligent sein?
Weil Männer besser sehen als denken können.

Macho Stefan prahlt in seiner Stammkneipe: »Ich kann jeder Frau den Kopf verdrehen!«
»Klar«, meint der Wirt müde lächelnd, »wenn du eine Frau anlächelst, dreht sie sofort den Kopf zur Seite!«

»Die Jugend von heute weiß nicht mehr, was sich gehört! Keinerlei Respekt und Anstand«, meckert ein älterer Mann im Bus.
»Aber eben hat Ihnen doch der Junge seinen Platz angeboten«, wundert sich ein anderer Fahrgast.
»Ja, aber meine Frau muss immer noch stehen!«

Was ist der Beweis dafür, dass Märchen wirklich nur frei erfunden sind?
Der Prinz ist immer gutaussehend und Single!

Warum sind Männer wie Werbespots?
Man kann nicht ein Wort von dem, was sie sagen, glauben.

Was ist der Unterschied zwischen Männern und Schweinen?
Schweine verwandeln sich nicht in Männer, wenn sie Alkohol getrunken haben.

Siggi bekommt überraschend Besuch von einem Freund. Er öffnet die Tür im Schlafanzug: »Meine Frau ist auf der Arbeit, Bier ist keins im Haus, der Fernseher ist kaputt, die Kinder sind in der Schule, und ich bin gerade erst aufgestanden. Magst du immer noch reinkommen?«

»Was gefällt dir an mir am besten?«, fragt die Ehefrau ihren Mann. »Mein hübsches Gesicht oder meine tolle Figur?«
Darauf der Mann: »Dein Sinn für Humor!«

Zwei Freunde sitzen an der Theke. Nach ein paar Bieren fragt der eine den anderen: »Sag mal, willst du nicht auch langsam mal die Richtige finden?«
Darauf der andere: »Warum sollte ich auf die Richtige warten? Bis jetzt hatte ich auch immer viel Spaß mit den Falschen!«

Beim Einkaufen trifft Erich seinen Kumpel Heinz, den er schon lange nicht mehr gesehen hat. Erich bemerkt, dass Heinz einen einzelnen Handschuh trägt. Da fragt er ihn: »Mensch Heinz, warum trägst du denn nur einen Handschuh?«

»Wegen der Wettervorhersage«, antwortet Heinz. »Heute Morgen sagten sie, es könne einerseits warm werden, andererseits aber auch ziemlich kalt!«

☺

Peter wartet vor dem Kreissaal. Da öffnet sich die Tür, die Hebamme kommt heraus und hält Drillinge auf dem Arm. Peter wird nervös: »Und welches davon soll ich jetzt nehmen?«

☺

Drei Männer sitzen in einer Kneipe. Der eine erzählt: »Meine Frau hat *Das doppelte Lottchen* gelesen, und dann hat sie Zwillinge bekommen!«

Darauf der zweite: »Ach, das ist ja noch gar nichts. Meine hat *Schneewittchen und die sieben Zwerge* gelesen, und dann hat sie Siebenlinge bekommen!«

Da springt der dritte plötzlich auf, greift seine Jacke und stürmt zur Tür.

»Was ist denn mit dir los?«, fragen die beiden anderen.

»Ich muss ganz schnell nach Hause! Meine Frau liest gerade *Ali Baba und die vierzig Räuber*!«

☺

Paule sitzt an der Bar und weint bitterlich. Der Barkeeper fragt ihn: »Was ist denn passiert?«

»Ach, meine Frau war sauer und hat beschlossen, eine Woche lang nicht mit mir zu reden!«, schluchzt Paule.

»Oh, das ist schlimm«, pflichtet ihm der Barkeeper mitleidig bei.

Da antwortet Paule: »Ja, nicht wahr? Und heute ist die Woche vorbei!«

Es ist schon spät in der Bar der einsamen Herzen. Helmut nähert sich einer alten Jungfer.

»Gnädigste, sind Sie für den nächste Tanz noch frei?«, fragt er lächelnd.

»Oh ja!«, antwortet die Dame entzückt.

»Toll!«, meint Helmut. »Dann können Sie ja mein Bierglas halten!«

»Hast du dich gestern noch arg mit deiner Frau gezofft?«

»Ja, da sind richtig die Fetzen geflogen!«

»Und wie ist es ausgegangen?«

»Ha, auf den Knien kam sie angekrochen!«

»Und, was hat sie gesagt?«

»Irgendwann musst du aus dem Schrank rauskommen, du Feigling!«

Erna bereitet gerade das Abendessen zu, als ihr Mann Klaus nach Hause kommt. Klaus stürmt zu Erna in die Küche und brüllt: »Vorsicht, Vorsicht! Das Ei brennt dir noch an. Dreh mal den Herd runter. Und jetzt – gib doch Acht, du hast ja das Salz vergessen! Mensch, passt doch auf!«

Erna dreht sich völlig genervt um und schnauzt ihn an: »Sag mal, was soll das denn? Denkst du, ich bin zu blöd, um ein popeliges Omelette zu braten?«

Da erwidert Klaus lächelnd: »Nein, aber jetzt weißt du, wie's mir beim Autofahren geht, wenn du neben mir sitzt!«

Hein Blöd kommt ins Geschäft und verlangt von der Verkäuferin ein Paar Unterhosen. Diese fragt ihn: »Lange?«

»Ja, aber sicher«, antwortet Hein Blöd verdutzt, »ich will sie schließlich kaufen und nicht nur mieten.«

Jürgen und Gerd treffen sich in ihrer Stammkneipe. Nach ein paar Bierchen fängt Jürgen mal wieder an, maßlos zu prahlen: »Früher, da war ich so ein Weiberheld – ich hab zu Hause Liebesbriefe in fünf verschiedenen Sprachen!«

»Pah«, erwidert Gerd, »das ist ja gar nichts! Ich zahle Alimente in sieben verschiedenen Währungen!«

Am Abend vor der Hochzeit nimmt sich der Brautvater noch mal seinen zukünftigen Schwiegersohn beiseite.
»Heute ist der glücklichste Tag in deinem Leben«, erklärt er ihm.
»Aber ich heirate doch erst morgen«, sagt der junge Mann.
Darauf der Vater: »Eben drum!«

Zwei Männer in einem engen Fahrstuhl. Plötzlich empört sich der eine: »Sagen Sie mal, haben Sie gerade gefurzt?«
Antwortet der andere beleidigt: »Sicher, oder denken Sie, ich stinke immer so?«

Adam und Eva gehen im Garten Eden spazieren, als Eva plötzlich ihren Adam fragt: »Du, liebst du auch wirklich nur mich?«
Darauf Adam: »Wen denn sonst?!«

Wie ein Häufchen Elend sitzt Erwin in der Kneipe und starrt auf sein volles Bierglas. Da kommt ein anderer Mann rein, Typ Bodybuilder. Er haut mit der Faust auf den Tisch, leert Erwins Bierglas in einem Zug und grinst ihn dann frech an. Erwin fängt bitterlich zu weinen an.
»Mann, jetzt hab dich doch nicht so!«, meint der Bodybuilder.
Darauf schluchzt Erwin: »Ich hatte heute einen echt be-

schissenen Tag: Meine Frau hat mich verlassen und unseren Hund, die Kinder und unsere Ersparnisse mitgenommen. Mein Chef hat mich heute gefeuert, und mein Haus ist abgebrannt! Mein Leben hat keinen Sinn mehr. Deshalb wollte ich mich vor den Zug werfen – aber nix da: Umleitung. Dann wollte ich mich erhängen – aber nix da: Strick gerissen. Dann wollte ich mich erschießen – aber nix da: Keine Kugeln mehr. Und dann kaufe ich mir von meinen letzten paar Groschen hier ein Bier, kippe eine Flasche Arsen rein – und du säufst es mir weg!«

Johann arbeitet als Butler für den äußerst wohlhabenden, aber auch schwerhörigen Herrn von Waldenstein. Als dieser mal wieder spät abends nach Hause kommt, hilft Johann ihm aus dem Mantel und meint gehässig: »Na, alter Sack, mal wieder den jungen Dingern hinterhergestiegen?«
»Nein, Johann, Hörgerät gekauft!«

Harry steht nach dem Duschen im Schlafzimmer und betrachtet stolz seine Männlichkeit im Spiegel. Da kommt seine Frau herein.
»Du, Schätzchen, nur vier Zentimeter mehr, und ich wäre ein echter König!«
Seine Frau mustert ihn kurz und sagt dann: »Na ja, und vier Zentimeter weniger, und du wärst die Prinzessin!«

Der kleine Udo war im Zoo. Als er nach Hause kommt, erzählt er seiner Mutter ganz aufgeregt: »Im Zoo gibt's Kamele, die können eine Woche lang arbeiten, ohne zu saufen!«

Darauf die Mutter: »Toll, Udo – schau, dein Papa macht's genau andersrum: Der kann die ganze Woche saufen, ohne zu arbeiten!«

Kindermund
tut Wahrheit kund

Fritzchen packt alle seine Geschenke unterm Christbaum aus. Dann dreht er sich um und fragt vorwurfsvoll: »Und wo bitte ist die Autorennbahn, die im Wäscheschrank versteckt war?«

Es ist schon spät am Abend, als die Mutter noch Licht im Zimmer ihrer kleinen Tochter Franka sieht.
»Franka, ich weiß, dass du aufgeregt bist, weil du morgen Geburtstag hast. Aber bitte mach jetzt endlich das Licht aus.«
»Geht leider nicht, Mama«, entgegnet Franka, »ich will unbedingt noch dieses Buch fertig lesen. Auf dem Umschlag steht ›Für Acht- bis Zehnjährige‹, und morgen werde ich doch schon elf!«

Die kleine Birte sieht immer aufmerksam zu, wenn ihr kleines Geschwisterchen gewickelt wird. Als ihre Mutter einmal das Babypuder vergisst, schreit Birte: »Halt! Du hast vergessen, ihn zu salzen!«

Gabi fragt ihren Sohn: »Hast du auch deinen Lebertran genommen, Moritz?«

»Ja, Mama«, antwortet dieser, »eine ganze Gabel voll!«

Max sitzt morgens am Frühstückstisch und heult: »Nein, Mama, ich will nie wieder in die Schule!«

»Aber warum denn nicht, Max?«, fragt die Mutter ihren Sohn.

»Weil immer, wenn die Lehrer nicht weiter wissen, fragen sie mich!«

»Hat jemand ein Bündel Geldscheine mit einem Einmachgummi drum verloren?«, brüllt der kleine Hannes durch die Halle der Bank. Natürlich melden sich sofort mehrere Menschen.

»Dann kommen Sie her«, meint Hannes, »ich habe nämlich den Einmachgummi gefunden!«

Im Naturkundeunterricht will die Lehrerin mit der Klasse das Thema Gewitter durchnehmen. Sie fragt in die Runde: »Weiß denn vielleicht schon einer von euch, woher Blitz und Donner kommen?«

Da meldet sich die kleine Sophie: »Ich weiß es: aus meinem Onkel Herbert!«

»Aber Sophie, wie kommst du denn darauf?«, fragt die Lehrerin belustigt.

»Immer wenn ein Gewitter kommt, dann sagt der Onkel Herbert, dass er es schon seit Tagen in seinem linken Knie gespürt hat!«

Tante Erna besucht nach langer Zeit mal wieder den kleinen Karli und seine Familie.

»Mensch, Karli, bist du groß geworden! Weißt du denn überhaupt noch, wer ich bin?«, fragt sie ihren Neffen.

»Aber klar doch«, erwidert Karli keck, »du bist die olle Tante, die mir auch das letzte Mal schon nichts mitgebracht hat!«

Die kleine Lotta fragt ihre Mutter: »Mama, wo bist du eigentlich geboren?«

»In Bochum.«

»Und der Papa?«

»In Hamburg.«

»Und ich?«

»In München.«

Lotta überlegt kurz und meint dann freudestrahlend: »Na, dann war es aber ein großes Glück, dass wir drei uns getroffen haben!«

Die kleine Ella ist im Ballettstudio zum Vortanzen. Nach ihrem Auftritt wartet sie verschüchtert auf das Urteil des Prüfers: »Es gibt nur zwei Dinge, die dich daran hindern, eine große Primaballerina zu werden.«

»Wirklich? Und welche zwei Dinge wären das?«

»Deine Füße, Ella, deine Füße!«

»Mama, wenn ich groß bin, möchte ich Polarforscher werden, und ich möchte mich heute schon darauf vorbereiten!«, sagt der kleine Max stolz.

»Das freut mich sehr«, antwortet seine Mutter, »und wie kann ich dir denn dabei helfen?«

»Gib mir bitte drei Euro für ein Eis!«

Die kleine Sabrina fragt ihre Tante: »Tante Ilse, jetzt bist du doch schon so lange mit Onkel Hubert verheiratet – warum habt ihr eigentlich noch keine Kinder?«

»Na, weil uns der Klapperstorch noch keine gebracht hat.«

»Also, wenn ihr auch noch an den Storch glaubt, kann das ja nichts werden!«

»Das ist echt unfair!«, beschwert sich der kleine Fabian bei seinem Freund. »Immer muss ich die alten Klamotten meiner Geschwister auftragen.«

»Aber das ist doch nicht so schlimm. Ich bekomme auch immer die alten Kleider von meinem großen Bruder«, tröstet ihn sein Freund.
»Ja, aber du hast nicht vier ältere Schwestern!«

Der kleine Knut aus Berlin kommt weinend zu seiner Mutter: »Mama, Mama, der Papa hat mir jeschlaagn!«
Da verbessert ihn die Mutter: »Mich!«
Wundert sich der Junge: »Wat denn, dir och?«

Am Wochenende liest der Vater dem Sohn immer eine Gute-Nacht-Geschichte vor. Eine halbe Stunde später öffnet die Mutter leise die Tür und fragt: »Ist er schon eingeschlafen?«
Antwortet der Sohn: »Ja, endlich!«

Die kleine Silke stöbert im Keller auf der Suche nach altem Spielzeug. In der hintersten Ecke findet sie auf einmal ihren alten Laufstall. Sie ruft nach ihrer Mutter. Als diese zu ihr kommt, sagt Silke aufgeregt: »Mami, wir bekommen bald ein neues Baby!«
»Wie kommst du denn darauf?«, fragt die Mutter.
Darauf Silke: »Na, die Falle ist schon aufgestellt ...«

Gabi bringt ihre Zwillinge Max und Moritz ins Bett. Moritz lacht die ganze Zeit, da fragt Gabi: »Was ist denn so lustig, mein Kleiner?«
Antwortet er: »Du hast Max zweimal gebadet und mich gar nicht!«

☺

»Hast du schon einmal gesehen, wie ein Kälbchen geboren wird?«, fragt der Bauer den kleinen Paul.
»Nein, wie denn?«
»Zuerst kommen die Vorderbeine, dann der Kopf, dann die Schultern und der Körper und zum Schluss die Hinterbeine.«
»Toll, und wer bastelt das dann alles wieder zusammen?«

☺

»Wie war denn dein Zeugnis, Peter?«
»Ooch, Onkel Klaus, ich glaub ganz gut. Der Lehrer sagte, wenn alle so wären wie ich, könnte die Schule dichtgemacht werden!«

☺

»Oma, willst du mitspielen?«
»Aber sicher, meine Kleinen. Was spielt ihr denn?«
»Wir spielen Tiere im Zoo. Und du bist die liebe Omi, die den Tieren immer Süßigkeiten zuwirft!«

☺

Mäxchen kommt erst eine Stunde nach Schulschluss nach Hause. Als seine Mutter ihn fragt, wo er denn gewesen sei, antwortet er: »Ich war noch beim Peter zu Hause.«

»Aber hoffentlich kamst du seiner Mutter nicht ungelegen«, sagt die Mutter.

»Nein, die Mutter vom Peter hat sogar gesagt, ich hätte ihnen gerade noch gefehlt!«

Es ist Samstag und Badetag. Karl badet seinen kleinen Sohn. Als er ihn abgetrocknet hat, sagt er mit unüberhörbarem Stolz: »So, das haben wir geschafft – und ganz ohne Mama!«

»Ja, schon«, sagt sein kleiner Sohn zögernd, »aber die Mama zieht mir vor dem Baden immer die Hose und die Schuhe aus.«

»Mama, ich mag mein Brötchen nicht mehr!«

»Fritzchen, du isst jetzt dein Brötchen auf, damit du groß und stark wirst.«

»Aber warum soll ich denn groß und stark werden, Mama?«

»Damit du dir mal deine Brötchen selber verdienen kannst, Fritzchen.«

»Aber ich mag doch gar keine Brötchen!«

Martin nimmt sich seinen Sohn zur Seite: »Junge, es ist Zeit, dass ich dir die Wahrheit sage. Der Weihnachtsmann – das war immer ich. Und der Osterhase – der war ich auch immer.«

»Aber Papa, das weiß ich doch schon längst«, sagt sein Sohn heiter. »Und dass der Onkel Bernd der Storch war, weiß ich auch!«

»Liebe Tante Erna, ich soll mich noch mal ganz herzlich für das Geschenk zu meinem Geburtstag bei dir bedanken!«, sagt der kleine Berti.
Die Tante zwickt ihm erfreut in die Wange und meint bescheiden: »Aber Berti, das war doch kaum der Rede wert!«
»Das habe ich der Mami auch gesagt!«

»Du, Papa, endlich weiß ich, warum wir beim Angeln mit den Würmern nie einen Fisch fangen!«, sagt der kleine Max zu seinem Vater.
»Ehrlich? Ja, dann mal raus mit der Sprache!«, ermutigt ihn der Vater.
»Die Würmer schmecken total ecklig!«

Paul möchte seinen Sohn zu besseren Noten in der Schule motivieren: »Also, Moritz, ab jetzt bekommst du immer

fünf Euro von mir, wenn du eine Eins mit nach Hause bringst!«
»Das ist ja toll, Papa. Aber wollen wir nicht klein anfangen, und du gibst mir für jede Fünf einen Euro?«

Der kleine Martin fragt seine Mutter: »Mama, warum dreht sich eigentlich die Erde?«
Darauf die Mutter entsetzt: »Um Himmels willen, Martin! Du warst doch wohl nicht an Papas Hausbar?«

Die Mutter ruft ihren Sohn zur Ordnung: »Schau dir mal dein Zimmer an, Peter! Du bist ein richtiges Ferkel! Du weißt doch, was ein Ferkel ist, oder?«
Darauf Peter: »Klar, das ist das Kind von einer Sau!«

Der kleine Karl schleicht sich in die Kirche und lässt klammheimlich eine Statue der Jungfrau Maria und eine Josef-Figur mitgehen. Zu Hause setzt er sich an seinen Schreibtisch und beginnt zu schreiben: »Liebes Christkind, ich hoffe, du bringst mir zu Weihnachten ganz viele Geschenke – sonst wirst du deine Eltern nie mehr wiedersehen!«

Die Tochter der von Falkensteins heiratet einen aufstrebenden Jungmanager. Die Hochzeit wird standesgemäß in einem Luxusrestaurant gefeiert. Da zupft der kleine Karl-Otto seinen Vater am Ärmel und fragt: »Du, Papa, wer bezahlt eigentlich das Essen hier?«

»Die Eltern der Braut«, antwortet sein Vater.

»Ach, deshalb haben die vorhin in der Kirche so geweint!«

Im Deutschunterricht will die Lehrerin mit den Kindern Beschreibungen üben. Dazu nimmt sie ihre Tasche, stellt sie auf den Tisch und sagt: »Ihr schreibt jetzt alle mindestens eine Seite darüber, wie meine Tasche aussieht.«

Nach fünf Minuten meldet sich die kleine Moni und fragt: »Entschuldigen Sie, aber schreibt man scheußlich mit scharfem oder normalem s?«

Der Tierarzt erklärt der kleinen Luisa: »Auch wenn es schwerfällt, aber deinen Hund solltest du nie auf die Schnauze küssen. Dabei können gefährliche Krankheiten übertragen werden!«

»Ich weiß, Herr Doktor«, sagt Luisa, »mein Onkel hat unserem Papagei zur Begrüßung auch immer ein Küsschen gegeben – und jetzt ist der Papagei tot!«

Erna kommt zu ihrem Mann ins Wohnzimmer, der gerade gemütlich die Zeitung liest, und meint stolz: »Ach Schatz, ich bin ja so stolz. Aus unserem Sohn wird bestimmt mal ein ganz großartiger Ingenieur.«

»Wie kommst du darauf?«, fragt ihr Mann.

»Na, weil er gerade drüben deine Rolex in ihre Einzelteile zerlegt!«

Julius kommt mit einer Fünf in Mathe nach Hause und erhält von seiner Mutter erst mal eine kräftige Standpauke. Darauf Julius: »Ich will mich aber nicht anstrengen. Ich will nicht klug werden, und ich will auch nicht reich werden! Ich will so werden wie Papa!«

Die kleine Lisa hat noch nie einen Ton von sich gegeben. Ihre Eltern waren mit ihr schon bei verschiedenen Ärzten und beim Kinderpsychologen, doch nichts hat geholfen: Lisa schweigt weiter. Eines Tages sitzt die ganze Familie am Tisch, als die Kleine plötzlich sagt: »Das Schnitzel schmeckt wie ein alter Putzlappen!«

Große Aufregung bei den Eltern. Unter Freudentränen fragt die Mutter: »Lisa, du kannst ja sprechen! Warum hast du denn bisher keinen Mucks von dir gegeben?«

Darauf Lisa: »Bisher war ja auch alles immer in Ordnung!«

Tante Luise kommt zu Besuch und fragt den kleinen Fabian: »Bist du auch immer schön brav in der Schule?« Darauf Fabian: »Sicher, Tante Luise. Was kann man denn auch groß anstellen, wenn man immer in der Ecke stehen muss!«

☺

Im Erdkundeunterricht sagt die Lehrerin: »Leo, komm mal nach vorne und zeig uns auf der Karte, wo Amerika liegt!«
Leo geht zur Karte, nimmt den Zeigestock und deutet auf Amerika.
»Sehr gut!«, sagt die Lehrerin, dann wendet sie sich an die Klasse: »Und wer von euch kann mir sagen, wer Amerika entdeckt hat?«
»Leo!«, brüllt die Klasse zurück.

☺

Der kleine Max zieht beim Essen ein beleidigtes Gesicht. Da fragt ihn seine Oma: »Was hast du denn, Mäxchen?« »Wenn ich gewusst hätte, dass ich die Pommes doch mit der Gabel essen muss, dann hätte ich mir das Händewaschen auch sparen können!«

☺

Fritzchen bemüht sich vergeblich, an einen Klingelknopf heranzukommen. Da kommt ein älterer Herr vorbei, lächelt gütig und drückt für Fritzchen auf den Klingelknopf.

»Super, vielen Dank!«, meint Fritzchen. »Jetzt müssen wir aber ganz schnell abhauen!«

In der Schule nimmt die Klasse die Gefahrenquellen im Haushalt durch.
»Die meisten Unfälle passieren in der Küche!«, sagt die Lehrerin.
Da tönt eine Stimme aus der letzten Reihe: »Und ich muss die dann immer essen!«

Hansi und sein Papa sind in der Werkstatt und kaufen für das Auto neue Scheibenwischer.
»Na, was habt ihr zwei denn Schönes gemacht?«, fragt die Mutter, als beide wieder zu Hause sind.
Darauf antwortet Hansi: »Der Papa hat neue Klammern für die Strafzettel gekauft!«

Lotta und Karli spielen Ehepaar. Plötzlich kommt Lotta weinend zu ihrer Mutter gerannt.
»Was ist denn los, meine Kleine?«, fragt diese.
»Der Karli ist so gemein. Wir wollen uns scheiden lassen, und er will das Sorgerecht für meine Häschen!«

Der kleine Toni schnappt sich den Saum von Tante Ernas Kleid und beginnt, daran zu lecken.

»Toni, was machst du denn da?«, fragt Tante Erna entsetzt.

»Mama hat recht«, sagt er und verzieht das Gesicht, »dein Kleid ist wirklich geschmacklos!«

Der kleine Sohn des Managers wünscht sich ein Schwesterchen zum Geburtstag.

»Aber Filius, das wird nicht gehen, du hast doch schon nächste Woche Geburtstag!«, meint der Vater.

»Aber Papa, dann stell doch noch ein paar Leute ein!«

Die Top Ten der Alle-Kinder-Witze

Alle Kinder rennen aus dem brennenden Kino – nur nicht Abdul, der kämpft mit dem Klappstuhl.

Alle Kinder stehen vor dem Abgrund – nur nicht Peter, der geht noch 'nen Meter.

Alle Kinder sitzen um das Lagerfeuer – nur nicht Brigitte, die sitzt in der Mitte.

Alle Kinder spielen mit dem Hai – nur nicht Schröder, der ist der Köder.

Alle Kinder fahren die Piste hinunter – nur nicht Konstanze, die nimmt die Schanze.

Alle Kinder fahren Boot – nur nicht Gunter, der ging unter.

Alle Kinder überqueren die Straße sicher – nur nicht Rolf, der hängt am Golf. Der Golf fährt immer weiter, und Rolf wird immer breiter.

Alle Kinder springen über das Piranha-Becken – nur nicht Peter, dem fehlt noch ein Meter.

Alle Kinder müssen zum Friseur – nur nicht Matze, der hat 'ne Glatze.

Alle Kinder hörten den Donner – nur nicht Fritz, den traf der Blitz.

Jetzt ist es amtlich:
Beamte und Politiker

»Wie ich höre, soll es bei der Steuerreform allerhand Erleichterungen geben?«
»Das ist doch nichts Neues, erleichtert werden wir doch immer!«

Ein Jäger, ein Angler und ein Minister sind gestorben. Auf ihrem Weg ins Jenseits müssen sie ein Stück durch Treibsand – dabei gilt: Je mehr man im Leben gelogen hat, desto tiefer sinkt man ein. Der Jäger, der gerne mal bei seinen Erfolgen gelogen hat, sinkt sofort bis zur Hüfte ein. Er dreht sich nach dem Angler um, der aber nur bis zum Knie im Sand steckt. Er ruft: »Was soll das denn? Du hast doch auch aus jedem winzigen Fischlein einen riesigen Hecht gemacht!«
Darauf der Angler: »Psst! Sei doch still, ich stehe auf dem Minister!«

Was ist das Lieblingslied aller Beamten?
Wake me up before you go go …

Drei Jungs streiten sich darüber, wessen Vater am schnellsten ist.
Meint der erste: »Mein Papa fährt einen Ferrari!«
Darauf der zweite: »Das ist doch gar nichts. Mein Vater ist Pilot und fliegt einen Jet!«
Sagt schließlich der dritte: »Mein Papa ist noch viel schneller. Er ist Beamter. Um fünf Uhr hat er Dienstschluss und um halb vier ist er schon zu Hause!«

☺

Der Richter zum Taschendieb: »Merken Sie sich eines, nur die öffentliche Hand darf ungestraft in die Taschen anderer greifen!«

☺

Beamter zu Antragstellerin: »Jetzt werden Sie mal nicht ungeduldig, gnädige Frau. Am Ende vom Amtsweg bekommen Sie eine Wandernadel.«

☺

Am Stammtisch: »Ich liebe Politiker auf Wahlplakaten. Sie sind tragbar, reden kein dummes Zeug und sind leicht zu entfernen!«

☺

Angela Merkel spaziert durch den Park. Da sieht sie einen Jogger, der über eine Wurzel gestolpert und hingefallen ist. Sie eilt sofort zur Hilfe. Als der Mann wieder auf beiden Beinen steht, sagt Angie mit einem Augenzwinkern: »Dafür müssen Sie aber bei der nächsten Wahl die CDU wählen!«

»Aber Frau Merkel«, meint der Jogger, »ich bin auf den Rücken und nicht auf den Kopf gefallen!«

☺

Schröder, Fischer und Merkel fliegen im Jet über Deutschland. Plötzlich hat Schröder eine super Idee und meint zu seinen Kollegen: »Wenn ich jetzt einen Hunderter runterwerfe, dann freut sich ein Deutscher!«

Das will Fischer nicht auf sich sitzenlassen und sagt: »Wenn ich jetzt zehn Zehner runterwerfe, dann freuen sich zehn Deutsche!«

Darauf Merkel: »Pah, wenn ich jetzt hundert Ein-Euro-Stücke runterwerfe, dann freuen sich hundert Deutsche!«

Der Pilot kann das Gequatsche nicht mehr mit anhören und meint: »Wenn ihr nicht bald die Klappe haltet, dann werfe ich euch runter und es freuen sich achtzig Millionen Deutsche!«

☺

Fragt ein Beamter den anderen: »Wieso meckern eigentlich immerzu die Leute über uns, wir tun doch gar nichts!«

☺

Fragt ein Passant vor dem Rathaus den Bürgermeister: »Sagen Sie mal, wie viele Leute arbeiten denn da drin eigentlich?«

Darauf der Bürgermeister: »Nun ja, maximal die Hälfte!«

Die Regierung will die Einkommenssteuererklärung drastisch vereinfachen. Künftig stehen nur noch zwei Sätze auf dem Steuerformular:

1. Wie hoch war Ihr Einkommen im vergangenen Jahr?
2. Überweisen Sie uns diesen Betrag.

Treffen sich zwei.

Fragt der eine: »Was bist du denn von Beruf?«

»Ich bin Postbeamter«, antwortet der andere.

»Aber ist das nicht furchtbar langweilig, den ganzen Tag Briefe stempeln?«

»Nein, wie kommst du darauf? Ist doch jeden Tag ein anderes Datum!«

Ein weit verbreitetes Motto unter Politikern: »Nicht das Erreichte zählt – sondern das Erzählte reicht.«

Gerhard Schröder ist kurz vor dem ersten Besuch von George W. Bush wahnsinnig aufgeregt, da sein Englisch nicht das beste ist. Joschka Fischer gibt ihm einen Tipp: »Gerd, mach dir mal keine Sorgen. Du schreibst einfach das, was du sagen willst, auf die Rückseite deiner Krawatte!«

Schröder bedankt sich für den tollen Ratschlag und setzt ihn prompt um. Als Bush dann landet und aus dem Flugzeug steigt, geht Schröder auf ihn zu, schüttelt ihm die Hand und sagt: »Welcome in Germany, Mr. President, hundert Prozent Seide ...«

☺

Was tut ein Beamter, der in der Nase bohrt?
Er holt das Letzte aus sich heraus ...

☺

Ein Straßenfeger zertritt eine Schnecke. Da fragt ihn der Kollege, ob das denn nötig war.
»Natürlich, das Biest verfolgt mich schon den ganzen Tag!«

☺

»Betrunkene sagen die Wahrheit!«, sagt der Finanzbeamte und gießt dem Steuerpflichtigen noch einen Korn ein.

☺

Bush wird interviewt, und der Reporter stellt die Frage, was er nach gewonnenem Kriege mit dem Irak machen will.

Seine Antwort: »Wir werden den Irak in drei Teile spalten. In Super, Super plus und Diesel.«

☺

Was ist Beamten-Dreikampf?
Knicken, lochen und abheften!

☺

»Ist Ihre Arbeit eigentlich schwer?«, wird ein Beamter gefragt.

»Nein«, antwortet er, »aber doch durchaus ein Störfaktor zwischen Kur, Urlaub, Feiertagen, Wochenenden, Betriebsausflügen …«

☺

Fritz ist auf der Behörde und klopft an die Tür. Keine Antwort. Nochmaliges Klopfen. Keine Antwort. Fritz geht einfach hinein, wieder keine Reaktion. Meint Fritz zum Beamten am Schreibtisch: »Soll sehr ungesund sein, das!«

»Was?«

»Na ja, Blumen im Schlafzimmer …«

☺

Verwaltungsbeamter Jöckel kommt zum Arzt: »Herr Doktor, ich spreche im Schlaf!«
»Aber das ist doch nicht so schlimm«, antwortet der Arzt, »oder beklagt sich etwa Ihre Frau?«
»Nein, meine Kollegen!«

☺

Was ist der Unterschied zwischen dem Bundestag und einer Jeans?
Bei der Jeans sind die Nieten außen.

☺

Helmut Kohl kommt in den Himmel. Er kommt an einem Baum vorbei, an dem lauter Glocken hängen. Die bimmeln so fröhlich vor sich hin.
»Petrus, wozu ist dieser Baum?«, fragt Helmut Kohl.
»Das ist ein Lügenbaum. Jedes Mal, wenn auf der Erde ein Mensch lügt, klingelt ein Glöckchen.«
Kohl nickt und bleibt noch ein Weilchen stehen, auf einmal fällt der Baum mit lautem Gescheppre um.
»Petrus, was ist denn nun passiert?«, fragt Kohl erstaunt.
Antwortet Petrus: »Tja, Bundestagssitzung!«

☺

Warum fahren Politiker nur ungern mit der Bahn?
Weil dort ständig gerufen wird: »Zurücktreten bitte!«

☺

Sagt der Beamte morgens zu seiner Frau: »Liebling, mach doch bitte den Kaffee nicht wieder so stark. Gestern hab ich im Büro kein Auge zugekriegt.«

Im Jahr 2080 kommt ein Mann in eine Gehirnbank und verlangt ein neues Hirn. Man legt ihm die Preisliste vor: 5000 Euro für das Gehirn eines Anwalts, 10 000 Euro für das Gehirn eines Gelehrten und 25 000 Euro für das Gehirn eines Beamten. Da fragt der Mann nach: »Wieso sind die Beamtenhirne so viel teurer als die anderen?«
»Sie sind nahezu völlig unbenutzt und fast wie neu!«

Wie funktioniert Beamten-Mikado?
Wer sich zuerst bewegt, hat verloren!

Zwei Vertreter treffen sich abends an der Hotelbar und prahlen gegenseitig mit ihren Erfolgen.
»Ha, ich habe sogar schon Kühlschränke an Eskimos verkauft!«
»Pah, das ist doch gar nichts! Ich habe heute Angela Merkel eine Kuckucksuhr verkauft und ihr dann noch zwei Kilo Vogelfutter aufgeschwatzt!«

Warum sind die Mittagspausen bei sämtlichen Ämtern und Behörden immer sehr kurz?
Wenn sie länger dauern würden, müssten die Beamten erst wieder neu angelernt werden.

Auf dem Arbeitsamt.
Herr Müller reißt die Tür zu einem Büro auf: »Sie waren das, der mir gestern eine neue Küchenfee vermittelt hat?«
»Ja, das war ich«, antwortet der Beamte stolz.
»Na, dann lade ich Sie heute zum Essen zu mir ein!«

Wer waren die ersten drei Politiker?
Die Heiligen Drei Könige! Sie legten die Arbeit nieder, zogen schöne Gewänder an und gingen auf Reisen.

Treffen sich zwei Beamte.
»Na, wie geht es dir denn so mit deiner neuen Stelle?«, fragt der eine den anderen.
»Schrecklich! Ich komme überhaupt nicht mehr zum Schlafen!«
»Hast du wohl so viel zu tun?«
»Das nicht, aber mein neuer Kollege schnarcht so laut!«

Was ist der Unterschied zwischen einem Telefon und einem Politiker?
Beim Telefon kann man aufhängen, wenn man sich verwählt hat.

☺

Warum haben Beamte eine Brille?
Damit sie sich beim Einschlafen nicht mit dem Bleistift ins Auge stechen.

☺

Überraschend stirbt Angela Merkel und findet sich im Himmel wieder. Dort trifft sie auf Petrus, den Verwalter. Er sagt: »Angie, wir machen das so: Einen Tag wirst du in der Hölle sein und einen Tag im Himmel. Danach kannst du auswählen, wohin du willst.«
Mit einem Fingerschnippser befördert er Angela Merkel in die Hölle. Dort ist es wider Erwarten super: Merkel trifft all ihre Freunde, die Sonne scheint und jeder ist bester Laune. Sie machen zusammen ein Picknick, gehen am Nachmittag eine Runde golfen und am Abend legt sie mit dem Teufel eine flotte Sohle aufs Parkett.
Am nächsten Tag befördert Petrus sie in den Himmel. Dort ist zwar alles paletti – die Menschen sitzen gemütlich auf bequemen Wolken rum und unterhalten sich –, aber es ist eben nicht so viel Remmidemmi wie in der Hölle.
Am Abend sagt sie zu Petrus: »Ich habe mich entschieden: Ich will in die Hölle. Hier ist es zwar ganz nett, aber in der Hölle ist ja richtig was los!«

Schwupps, befördert Petrus Angela Merkel wieder in die Hölle. Rechts und links lodern Flammen auf, es ist heiß und stinkt. Ihre Freunde liegen in Ketten und müssen schwere Arbeiten verrichten.

»Was ist denn hier los?«, fragt Merkel. »Gestern sah es hier doch ganz anders aus.«

Darauf Satan: »Tja, Angie. Gestern war vor der Wahl – heute ist nach der Wahl!«

Treffen sich zwei Mücken vor dem Finanzamt. Eine kommt gerade heraus, die andere will hinein.

»Das kannste vergessen!«, sagt die, die herauskommt. »Die saugen selbst.«

Eine Studie belegt, dass Mundgeruch am häufigsten bei Politikern auftritt. Grund sind die vielen faulen Versprechungen.

Auf dem Anrufbeantworter des Wetteramts: »Hier ist Müller. Ich wollte Ihnen nur mitteilen, dass Ihre leichte Bewölkung gerade von der Feuerwehr aus unserem Keller abgepumpt wird!«

Warum essen Beamte morgens eine trockene Semmel?
Damit wenigstens der Magen arbeitet.

☺

Stoiber, Schäuble und Merkel machen einen Stadtbummel. Aus Spaß gehen sie in einen Zauberladen. Der Besitzer, ein geheimnisvoller Mann mit langem Bart, fragt, ob die drei mal sein bestes Stück, einen Lügendetektor, ausprobieren möchten. Begeistert stimmen sie zu und Stoiber fängt an. Er überlegt kurz und sagt dann: »Ich denke, ich bin ein guter Redner!«
Das Gerät macht »tüt« und signalisiert eine Lüge.
Jetzt ist Schäuble dran: »Ich denke, ich habe das Richtige für Deutschland getan.«
»Tüt«, macht der Apparat. Wieder gelogen.
Zum Schluss kommt Angela Merkel an die Reihe. Sie geht an den Apparat heran und sagt: »Ich denke …«
»Tüt, tüt, tüt!«

☺

Warum haben Bienen eine Königin und keine Bundesregierung?
Weil sie Honig produzieren wollen und keinen Mist!

☺

Woran erkennt man einen Beamtenschreibtisch?
Am Airbag!

☺

Zwei Touristen füttern auf dem Markusplatz Tauben.
Plötzlich sagt der eine: »Tauben sind wie Politiker.«
»Wie kommst du denn darauf?«, fragt der andere.
»Ist doch ganz klar. Solange sie unten sind, fressen sie uns
aus der Hand. Aber sobald sie oben sind, scheißen sie auf
uns!«

Warum haben Beamte keinen Anspruch auf Arbeitslosen-
unterstützung?
Dafür müssten sie schon mal gearbeitet haben …

Ein Beamter klopft um kurz vor zwölf an die Tür seines
Kollegen, steckt den Kopf rein und fragt: »Kommst du
mit in die Kantine oder schläfst du durch?«

»Sie haben recht«, sagt der Finanzbeamte zu Herrn
Schmidt. »Wir haben uns verrechnet. Sie bekommen
250 Euro zurück.«
Schmidt dreht sich misstrauisch um und fragt vorsichtig:
»Wo ist sie?«
»Wer?«
»Die versteckte Kamera!«

Oskar Lafontaine wandert in den bayrischen Alpen. Er verläuft sich und irrt stundenlang umher. Plötzlich sieht er einen Bauern, der mit einem Langholzfuhrwerk einen Weg entlangfährt. Lafontaine ist erleichtert und fragt, ob der Bauer ihn bis ins nächste Dorf mitnehmen kann. Darauf der Bauer: »Freili, hock' di oifach hint'n auf'n längsten Baum.«

Als sie angekommen sind, springt Lafontaine ab und bedankt sich beim Bauern.

Antwortet der Bauer: »Gern g'schehn, aber i hätt' sowieso an roten Lumpen hinten dranbinden müssen!«

Was ist der Unterschied zwischen einer Telefonzelle und der großen Koalition der Bundesregierung?
Bei der Zelle muss man erst zahlen und dann wählen.

Wie heißt die Beförderung eines Beamten?
Bettenwechsel!

Bei einem Ärztekongress unterhalten sich zu später Stunde und nach ein paar Gläschen Wein ein amerikanischer, ein russischer und ein deutscher Chirurg und sprechen über ihre größten Erfolge.
Der Amerikaner sagt: »Wir haben mal einen Kopf gefunden, und dann haben wir einfach Rumpf, Arme und Beine

drangemacht. Jetzt ist der Kopf unser bester Computerspezialist.«

Der Russe prahlt: »Wir haben einmal ein Bein gefunden. Da haben wir dann ein anderes Bein, den Rumpf, den Kopf, die Arme und so weiter drangemacht, und nun ist das Bein unser schnellster Langstreckenläufer.«

Der Deutsche darauf: »Alles Kinderkram! Wir haben einmal einen Arsch gefunden, haben ein paar Ohren drangemacht, und das ist jetzt unser Bundeskanzler!«

Warum dürfen Beamte nicht streiken?
Ja, warum eigentlich nicht, würde doch eh keiner merken ...

Wie sähe ein Streik bei allen Ämtern aus?
Die Beamten würden ihre Zeitungen für eine Stunde niederlegen!

Bei Rudi und seiner Silvia fliegen die Fetzen. Wütend brüllt sie: »Du hättest Politiker werden sollen.«
»Wie kommst du denn jetzt darauf?«, fragt er genervt.
Antwortet Silvia: »Weil du nie weißt, was du willst, und wenn du was willst, dann kannst du es nicht durchsetzen!«

Welcher Tag ist der arbeitsintensivste für einen Beamten?
Der Montag, da muss er gleich drei Kalenderblätter abreißen.

☺

Ein Baulöwe will einem wichtigen Abgeordneten einen
nigelnagenneuen BMW schenken. Meint der Abgeordnete: »Lassen Sie das mal lieber bleiben, das wäre Beste-
chung.«
»Und wenn ich Ihnen den Wagen für – sagen wir – zwei
Euro verkaufe?«, sagt der findige Unternehmer.
Da zückt der Abgeordnete einen Geldschein und meint:
»Gut, hier haben Sie zehn Euro – ich nehme gleich
fünf!«

☺

Was ist ein Amt?
Ein Amt ist, wenn acht Leute für das bezahlt werden, was
vier Leute bequem schaffen könnten, wenn sie zu zweit
wären und einer davon krank ist.

☺

Was ist ein 08/15-Beamter?
Null Ahnung, acht Stunden am Tag im Büro, wird nach
A15 bezahlt …

☺

Im Bundestag findet der Hausmeister ein Baby. Schnell wird klar, dass das Kind nicht von einem Abgeordneten sein kann. Warum?
Ein Abgeordneter bringt in der kurzen Frist von neun Monaten nicht etwas zustande, was Hände und Füße hat.

Auf dem Rummel ist der starke Hubert als große Attraktion angekündigt. Vor den Augen der staunenden Besucher nimmt er eine Zitrone und quetscht sie mit bloßen Händen so lange, bis kein Tropfen mehr herauskommt. Er hält die ausgepresste Zitrone in die Höhe und ruft in die Menge: »Wer es schafft, noch einen Tropfen aus dieser Zitrone herauszuquetschen, der bekommt von mir hundert Euro!«
Da meldet sich ein schmächtiges Kerlchen und schafft es doch tatsächlich. Hubert gibt ihm die hundert Euro und meint: »Donnerwetter, das hätte ich Ihnen nicht zugetraut. Was sind Sie denn von Beruf?«
Antwortet der Hänfling: »Finanzbeamter!«

Es lebe der Sport

Abpfiff in der Bundesliga. Der Trainer der seit zehn Spielen unterlegenen und vom Abstieg bedrohten Mannschaft nimmt sich seine Jungs in der Kabine zur Seite: »So, Jungs. Jetzt passt mal auf. Wo die Fernsehkameras stehen, das wisst ihr ja jetzt. Und wo eure Frauen auf der Tribüne sitzen, das wisst ihr jetzt auch. Aber merkt euch verdammt noch mal endlich, wo das Tor ist!«

Boxer-Bodo beschwert sich bei seinem Trainer: »Der Weg von der Kabine zum Ring ist aber weit!«
»Das macht nichts«, tröstet ihn sein Trainer, »zurück wirst du ja sowieso getragen ...«

Herr von Falkenstein zu seinem Gutsverwalter: »Ist meine Frau schon von ihrem Ausritt zurück?«
Darauf der Verwalter: »Nein, aber lange kann es nicht mehr dauern, das Pferd ist bereits angekommen!«

Was ist der Fachausdruck für eine Sportschützin?
Ballerina.

Auf der Entbindungsstation: »Liebling, dass wir jetzt den zweiten Ferrari kaufen, ist mir egal, und dass unser Haus rot angestrichen ist, ist mir auch egal. Rote Bettwäsche, rote Kleidung, Urlaub in Maranello, alles egal. Aber dass unsere beiden Zwillingsmädchen jetzt Michael und Ralf heißen sollen, das geht zu weit!«

Toni und Max kämpfen sich auf einem Tandem den Berg hoch. Als sie endlich oben angekommen sind, keucht Toni, der vorne sitzt: »Mann, ich bin fix und fertig! Das war ja die pure Schinderei.«
»Ja, nicht wahr?«, stimmt Max grinsend zu. »Zum Glück habe ich die ganze Zeit auf der Bremse gestanden, damit wir nicht rückwärts runterrollen!«

Manni und seine neue Freundin gehen zur Pferderenn-bahn. Er will vor ihr eine gute Figur machen und prahlt: »Ich weiß alles über Pferderennen – stell mir irgendeine Frage, und ich kann sie dir beantworten!«
»Ach wirklich?«, flötet seine Neue. »Dann würde ich gerne wissen, wo die Jockeys denn ihre wunderhübschen Seidenblusen kaufen?«

Peter zu seiner neuen Freundin: »Schade, zurzeit gibt es so wenig Fußball im Fernsehen.«
Darauf sie: »Ja, ja, bei dem schönen Wetter können die ja auch mal wieder draußen spielen.«

»Was macht ihr denn im Selbstverteidigungskurs?«, fragt die blonde Susi ihre Freundin.
»Wir zerschlagen mit der Handkante einen Ziegelstein«, antwortet diese.
»Und wofür soll das gut sein?«, hakt Susi nach.
»Wenn mal einer zudringlich wird, kann man sich wehren«, sagt die Freundin.
Da denkt Susi kurz nach und meint: »Das ist mir schon klar. Aber wann wird ein Ziegelstein schon mal zudringlich?«

Die Nationalelf fliegt nach Amerika. Aus Langeweile beginnen die Burschen, in der Maschine zu kicken. Dem Pilot wird es bald zu bunt, und er schickt die Stewardess nach hinten, um für Ruhe zu sorgen. Nach zwei Minuten ist absolute Ruhe.
»Wie haben Sie denn das gemacht?«, fragt er.
»Na ja«, meint die Stewardess, »ich habe gesagt: ›Jungs, es ist so schönes Wetter draußen, spielt doch vor der Tür!‹«

Mäxchen besucht mit seinem Vater ein Pferderennen. Vorher hat er sich ausgiebig über Pferde informiert. Jetzt fragt er seinen Vater: »Papa, stimmt es, dass Pferde im Stehen schlafen?«

»Ja«, antwortet der Vater grimmig. »Jedenfalls die, auf die ich immer mein Geld setze.«

Was sind vier Ringe nebeneinander?
Audi!
Was sind fünf Ringe ineinander?
Olympia!
Und was sind sechs Rettungsringe übereinander?
Rainer Calmund!

Elfriede stolz zu ihrer Freundin: »Mein Mann hat das Turnier des Golfvereins gewonnen.«
Darauf die Freundin: »Meiner spielt zwar kein Golf, er trägt jedoch immer Golfsocken.«
»Wie sehen die denn aus?«, fragt Elfriede.
»Die haben achtzehn Löcher!«

Warum fahren keine Frauen in der Formel1?
Weil die Boxengasse zu klein zum Einparken ist.

Michael Ballack stürmt zum Schiedsrichter, nachdem dieser ein böses Foul übersehen hat. Wutentbrannt fragt er ihn: »Wo ist denn Ihr Hund?!«
»Aber ich habe gar keinen Hund«, antwortet der Schiedsrichter.
Darauf Ballack: »Oh, das tut mir aber leid. Blind – und keinen Hund!«

»Jetzt muss ich mich anstrengen, da drüben steht meine Schwiegermutter und schaut zu«, sagt der Speerwerfer.
»Glaubst du denn, dass du sie von hier aus triffst?«

Der Boxtrainer zu seinem eindeutig unterlegenen Schützling nach der dritten Runde: »Du musst schon wissen, was du willst. Entweder den Friedensnobelpreis oder den Meisterschaftsgürtel im Schwergewicht. Beides geht nicht!«

Rudi Völler kommt in den Himmel. Petrus ist begeistert: »Rudi, das freut mich aber. Möchtest du hier im Himmel nicht eine Fußballmannschaft zusammenstellen – wir haben hier oben die besten Spieler aller Zeiten!«
Rudi Völler stimmt zu und stellt eine Spitzenmannschaft zusammen. Nach ein paar Wochen Training fragt er den Teufel, ob sie nicht mal gegeneinander spielen könnten.

Der Teufel stimmt zu, meint aber grinsend: »Ich kann euch aber gleich sagen, dass ihr keine Chance habt.«

Rudi Völler glaubt ihm nicht und das Spiel beginnt. Der Himmel verliert haushoch gegen die Hölle.

Rudi Völler kommt am Boden zerstört zum Teufel: »Das kann doch gar nicht sein, wir hatten doch die besten Spieler aller Zeiten!«

Da meint der Teufel: »Das mag schon sein, lieber Rudi, aber wir haben dafür die schlechtesten Schiedsrichter aller Zeiten!«

Treffen sich zwei Hobby-Fußballer.

Fragt der eine den anderen: »Sag mal, versteht euer Trainer wirklich etwas vom Fußball?«

»Aber klar doch«, antwortet der andere, »vor dem Spiel erklärt er uns, wie wir gewinnen können, und nach dem Spiel analysiert er, warum wir verloren haben!«

Peter fragt seinen Freund Gerd: »Treibst du eigentlich Sport?«

»Na klar«, antwortet Gerd, »ich spiele Tennis, Fußball, gehe zweimal in der Woche joggen und betreibe Tai-Chi.«

»Wahnsinn, wann machst du das denn alles?«, fragt Peter nach.

Darauf Gerd: »Morgen fange ich damit an!«

An einem eiskalten Wintertag sitzt ein Angler mit dicken Backen am See. Ein Spaziergänger kommt vorbei und fragt, ob er Zahnschmerzen hätte.

»Nein, aber irgendwie muss ich die Würmer ja auftauen.«

Nach einem starken Regenguss steht der ganze Fußballplatz unter Wasser. Trotzdem soll gleich das Spiel zwischen Oberaugsdorf und Hintertupfstadt angepfiffen werden. Meint der Mannschaftsführer der Oberaugsdorfer: »Also – ihr habt Anstoß, dafür spielen wir aber mit der Strömung!«

Nach einem anstrengenden Spiel kommt der Mittelfeldstürmer aus der Kreisklasse nach Hause zu seiner Freundin.

»Heute war echt super«, erzählt er ihr. »Ich habe zwei Tore geschossen!«

»Klasse«, sagt die Frau, »und wie ist das Spiel ausgegangen?«

»Zwei zu null für die andere Mannschaft …«

Der Erzengel Gabriel erscheint Lothar Matthäus und sagt: »Lieber Lothar! Ich habe eine gute und eine schlechte Nachricht für dich. Zuerst die gute: Du bist auserwählt,

nach deinem Ableben in der himmlischen Fußballmannschaft zu spielen. Die schlechte: Du bist schon fürs nächste Wochenende aufgestellt!«

☺

»Du, Papa, was wird aus einem Fußballspieler, wenn er
nicht mehr gut sehen kann?«, will der kleine Fritz wissen.
»Der wird Schiedsrichter«, antwortet der Vater.

☺

Die Hintertupfhausener Wasserballmannschaft hat mal
wieder ein Turnier verloren. Der Trainer versucht, seine
Truppe in der Kabine aufzumuntern: »Mensch, Leute, wir
haben zwar nicht gewonnen, aber seht doch mal das Positive: Es ist auch keiner ertrunken!«

☺

Nachdem seine Mannschaft wieder mal haushoch verloren hat, regt sich der Trainer in der Kabine auf: »Ich habe
vor dem Spiel gesagt ›Spielt, wie Ihr noch nie gespielt
habt‹ und nicht ›Spielt, als ob Ihr noch nie gespielt
habt‹!«

☺

Vladimir Klitschko fährt mit seinem Fahrrad wie jeden
Morgen zum Training. Er stellt es draußen ab und merkt,
dass er heute dummerweise sein Schloss vergessen hat. Er

überlegt kurz und hinterlässt einen Zettel mit der Aufschrift »Diebstahl zwecklos, Vladimir Klitschko« an seinem Fahrrad.

Nach einer Stunde kommt er wieder raus. Das Fahrrad ist weg und der Zettel liegt auf dem Boden. Darauf steht: »Verfolgung zwecklos, Jan Ullrich«.

Im Krankenhaus von Sankt Moritz treffen sich zwei Männer mit Gipsbein im Aufzug.

»Auch Abfahrtslauf?«, fragt der eine.

»Ne, Après-Ski«, sagt der andere.

Klein Fritzchen läuft mit einem Stapel Holz unterm Arm aus dem Haus. Seine Mutter hält ihn an und fragt: »Aber Fritzchen, wohin willst du denn mit dem vielen Holz?«

»Zum Fußballspiel!«

»Aber da brauchst du doch kein Holz?«

»Doch. Papa hat gesagt, wir müssen die Mannschaft heute kräftig anfeuern!«

Zwei Kumpels unterhalten sich: »Wie geht dein Fahrrad?«

»Mein Fahrrad geht nicht, es fährt!«

»Ok. Wie fährt dein Fahrrad?«

»Es geht!«

Der Stürmer der erfolglosen Kreisklassenmannschaft steht im Himmel vor Petrus. Der fragt ihn erstaunt: »Sie hier? Wie haben Sie denn das Tor gefunden?«

Mühsam quält sich eine Gruppe Radrennfahrer den Berg hinauf. Ein Bergbauer steht auf seinem Feld und schaut zu.

»Ich möchte mal wissen, warum die sich so schinden?«, fragt er kopfschüttelnd.

»Na, weil der Erste 10 000 Euro bekommt!«, antwortet ihm einer der Zuschauer.

»Na schön«, sagt der Bergbauer, »aber warum schinden sich dann die anderen?«

Nach dem Schlusspfiff in der Kabine. Der Trainer brüllt den Stürmer an: »Du Hornochse! Du hast ein Eigentor geschossen!«

»Ja, das tut mir auch leid«, sagt der Spieler achselzuckend, »aber die Tore sehen alle gleich aus!«

Herr Müller kommt nach Hause – da zieht seine Frau ihm zur Begrüßung ein Nudelholz über.

»Was ist denn los?«, fragt er benommen.

»Du Schwein! Heute beim Wäschemachen habe ich in

deiner Jacke einen Zettel gefunden, auf dem steht Anne-
marie! Du betrügst mich doch!«, brüllt ihn seine Frau an.
»Aber Liebling, ich war doch letzte Woche beim Pferde-
rennen, und Annemarie hieß das Pferd, auf das ich gewet-
tet habe!«, erklärt er ihr.
Daraufhin entschuldigt sich Frau Müller und ist beson-
ders nett zu ihrem Mann. Ein paar Tage später kommt
Müller nach Hause, und wieder zieht ihm seine Frau mit
dem Nudelholz eins über.
»Womit hab ich denn das schon wieder verdient?«, fragt
Herr Müller und reibt sich den Kopf.
Antwortet seine Frau: »Das Pferd hat angerufen!«

Deutschland spielt gegen Italien. Ein Spieler der italieni-
schen Mannschaft wird gefoult. Er macht einen hohen
Flug, setzt zur Landung an, rollt sich dreimal über den
Boden, hält sich sein Bein fest und schreit laut auf.
Meint Rudi Völler zum Schiedsrichter: »Soll ich jetzt 'nen
Arzt oder 'nen Theaterkritiker rufen?«

Susanne macht das erste Mal Urlaub auf einem Reiterhof.
Vor ihrer ersten Stunde sagt sie ängstlich zum Reitlehrer:
»Ich habe noch nie auf einem Pferd gesessen.«
»Das macht nichts«, beruhigt sie der Reitlehrer, »ich gebe
Ihnen ein Pferd, das auch noch nie geritten wurde.«

Ede steht im Ring und kassiert von seinem Gegner einen Fausthieb nach dem anderen. In der Pause fragt er seinen Trainer: »Hab ich noch eine Chance zu gewinnen?«
Darauf sein Trainer: »Wenn du weiter in die Luft schlägst, bekommt der andere vielleicht noch eine Lungenentzündung!«

Brigitte steht etwas ratlos in einer Boutique für feine Spitzenunterwäsche. Eine Verkäuferin kommt und fragt, ob sie ihr helfen könne.
»Oh ja, ich brauche wirklich etwas ganz Besonderes«, sagt sie.
»Wir finden bestimmt etwas – soll es eher etwas Verspieltes oder etwas Aufreizendes sein?«, fragt die Verkäuferin.
»Das ist eigentlich egal«, antwortet Brigitte, »es muss nur mit der Übertragung des Endspiels heute Abend konkurrieren können.«

Kurt kommt vom Angeln mit einem Prachtexemplar von Fisch nach Hause. Seine Frau lächelt nur müde und meint: »Jetzt reiß bloß die Klappe nicht so weit auf, meine Mutter hat dich im Fischgeschäft gesehen!«
»Na und?«, antwortet Kurt. »Ich hatte so viele gefangen, dass ich welche verkaufen musste!«

Der FC Hügelhausen feiert den Aufstieg in die Regional-
klasse. Plötzlich reißt einer die Tür auf und schreit: »Achtung, Leute – tolle Nachrichten! Der Klaus, unser Mittel-
stürmer, ist soeben Vater von Zwillingen geworden.«
Der Kapitän hebt das Glas und ruft: »Donnerwetter! Das
nenn ich einen schönen Doppelpass.«
In diesem Augenblick kommt der Trainer in die Kabine:
»Moment! Vergessen wir nicht die exzellente Vorarbeit
von unserem Libero!«

Oliver Kahn brütet über einem Kreuzworträtsel. Bei einer
Frage stutzt er und muss einen Freund fragen: »Du sag
mal, wer ist der beste Torwart?«
Da antwortet sein Freund: »Du, Olli, ganz klar!«
Oliver Kahn überlegt kurz und sagt dann: »Nee, mit vier
Buchstaben, nicht mit zwei.«
Doch das Kreuzworträtsel lässt ihm keine Ruhe. Abends
liegt er im Bett, als er plötzlich aufspringt: »Mensch, er
hatte ja doch recht – sonnenklar, die meinen MICH!«

Auf dem Weg zwischen Kirche und Friedhof kommt der
Leichenzug an einem See vorbei, an dem ein Angler sitzt.
Dieser sieht den Zug, steht auf, nimmt seinen Hut ab und
verneigt sich vor dem Leichenzug. Nach der Beerdigung
kommt der Pfarrer auf dem Rückweg wieder an dem See
vorbei, geht zum Angler und erzählt ihm, dass er das eine
sehr anständige Geste von ihm fand.

Darauf der Angler: »Ach wissen Sie, Herr Pfarrer, das ist doch das mindeste, wenn man dreißig Jahre miteinander verheiratet war!«

Auf der Piste krachen zwei Anfänger ineinander. Sie verheddern sich.
»Oh mein Gott!«, schreit plötzlich einer. »Ich kann mein Bein nicht mehr spüren!«
»Das ist ja auch kein Wunder!«, schreit ihn der andere an. »Du zwickst ja auch die ganze Zeit in mein Bein!«

Erich hat zum ersten Mal Golf gespielt.
»Na, wie hat es denn geklappt?«, fragt ihn ein Freund.
»Ich habe genau zweiundfünfzig Schläge gebraucht«, berichtet Erich etwas unsicher.
»Mann, das ist ja fantastisch!«
»Na ja, es lief ganz gut. Und nächste Woche versuche ich es mit dem zweiten Loch!«

Der Stürmer vom FC Kleinkleckershausen humpelt vom Platz. Besorgt kommt ihm der Trainer entgegen und fragt: »Schlimm verletzt?«
Antwortet der Stürmer: »Nein, mein Bein ist nur eingeschlafen!«

Klaus betritt in seiner Anglermontur einen Fischladen: »Sechs frische Hechte bitte! Aber einpacken brauchen Sie sie nicht – werfen Sie mir die Fische einfach zu, dann kann ich zu meiner Familie sagen, dass ich sie selbst gefangen habe!«

Mika Häkkinen fährt mit seinem Flitzer auf der Autobahn. Er fährt fast 300 km/h, als er neben sich ein Mofa entdeckt. »Dem werd ich's zeigen!«, denkt er sich und beschleunigt. 330 km/h – das Mofa ist immer noch da. 350 km/h – das Mofa ist immer noch da. Mika schüttelt den Kopf, hält an, lässt das Fenster runter und fragt den Mofafahrer: »Na Kleiner, wohl den Tiger im Tank?«
»Nein! Aber meine Jacke in deiner Tür!«

Ein Mann betritt die Eisfläche, geht ein Stück in die Mitte, holt ein Beil heraus, hackt ein Loch in das Eis, setzt sich hin und hält seine Angelrute in das Loch. Da ertönt von oben eine tiefe Stimme: »Hier gibt es nichts zu angeln.«
Der Mann blickt sich um, und als er nichts sieht, angelt er weiter. Wieder ertönt die Stimme: »Hier gibt es nichts zu angeln.«
Er blickt sich wieder um, nichts. Verärgert ruft er: »Wer spricht da? Gott?«
Daraufhin die Stimme: »Der Sprecher des Eisstadions!«

»Wo kommste her?«
»Vom Angeln.«
»Was haste geangelt?«
»Hechte.«
»Wie viele haste gefangen?«
»Keinen.«
»Woher weißte dann, dass da Hechte drin waren?«

Nach Abpfiff fragt der Reporter den Schiedsrichter: »Haben Sie mal kurz 'ne Sekunde?«
Der Schiedsrichter nickt zustimmend.
»Dann erzählen Sie mal alles, was Sie über Fußball wissen.«

Was sagt der Trainer von Olli Kahn zum Trainer der gegnerischen Mannschaft?
»Keine Angst, der tut nichts, der will nur spielen!«

Nach dem Spiel wird der Stürmer vom FC Hintertupfingen vom Lokalreporter interviewt: »Was ist das für ein Gefühl, wenn Ihre Mannschaft gewinnt?«
Antwort: »Das kann ich Ihnen leider nicht sagen, ich bin erst seit zwei Jahren dabei!«

Oma Hildegard kommt in den Elektromarkt und wendet sich an einen der Verkäufer: »Junger Mann, ich würde gerne einen Fernseher kaufen.«
»Aber gerne, haben Sie schon ein bestimmtes Modell im Auge?«, fragt dieser.
»Nein, aber einer ohne Fußballsendungen sollte es schon sein!«

Michael und Ralf Schumacher sind auf einer Safari und übernachten im Busch in einem Zelt. Mitten in der Nacht wird Ralf plötzlich von lautem Brüllen geweckt. Als er aus dem Zelt schaut, sieht er, dass sein Bruder ums Zelt rennt, verfolgt von einem wildgewordenen Nashorn.
»Schneller, Michael!«, schreit er. »Das Nashorn hat dich gleich eingeholt!«
Darauf Michael außer Atem: »Macht nix, ich habe vier Runden Vorsprung.«

Eines Nachts wird die Ehefrau des Profiboxers durch ein Geräusch wach. Ein Einbrecher macht sich gerade an ihrem Schmuck zu schaffen. Da weckt sie ihren Mann und meint: »Du, Rocky. Ich glaube, da möchte wieder mal einer eine Privatstunde bei dir!«

Der Fußballtrainer sucht nach neuen Talenten für seine Mannschaft.

»Sie da hinten mit der breiten Brust, Sie sind unser Mann!«, sagt er zu einem der Spieler.

»Wirklich? Und das, obwohl ich im Probetraining zwei Eigentore geschossen habe?«, fragt der Auserwählte noch mal verdutzt nach.

»Darauf kommt es doch gar nicht mehr an. Hauptsache, die Werbefläche stimmt!«

Die Top Ten der witzigsten Fußballer-Sprüche

»Zu 50 Prozent stehen wir im Viertelfinale, aber die halbe Miete ist das noch lange nicht!«

»Zuerst hatten wir kein Glück, und dann kam auch noch Pech dazu.«

»Dann kam das Elfmeterschießen. Wir hatte alle die Hosen voll, aber bei mir lief's ganz flüssig.«

»Ich hatte vom Feeling her ein gutes Gefühl«

»Die Breite an der Spitze ist dichter geworden.«

»Die Schweden sind keine Holländer – das hat man ganz genau gesehen.«

»Das ist Schnee von morgen.«

»Mailand oder Madrid – Hauptsache Italien!«

»Wir dürfen jetzt nur nicht den Sand in den Kopf stecken!«

»Es steht im Augenblick 1:1, aber es hätte auch umgekehrt lauten können!«

Und weil's so schön ist, gleich noch ein paar mehr:

»Die Kroaten sollen ja auf alles treten, was sich bewegt – da hat unser Mittelfeld ja nichts zu befürchten.«

»Wenn wir hier nicht gewinnen, dann treten wir Ihnen wenigstens den Rasen kaputt!«

Heitere Berufswelt

In einem der neuen Bundesländer empört sich ein Kunde bei seinem Stammfriseur: »Das Rasieren kostet bei Ihnen aber auch deutlich mehr seit der Wende!«
Darauf die Friseurin: »Klar, die Gesichter sind ja auch länger geworden!«

Das frisch verheiratete Paar besichtigt eine Neubauwohnung. Begeistert meint die Frau zu dem Makler: »Das ist wirklich eine schöne Wohnung. Besonders gut gefallen mir die großzügigen Einbauschränke!«
Darauf der Makler: »Aber gnädige Frau, das sind die Kinderzimmer!«

Ein Mann kommt in ein Postamt und sieht dort einen anderen Mann, der eine Unmenge rosafarbener Briefumschläge mit Herz-Stempeln schmückt und anschließend mit Parfüm besprüht. Er fragt ihn, warum er das tut.
»Ich mache die Post zum Valentinstag«, antwortet der andere Mann.
»Aber warum so viele Briefe?«
»Ich bin Scheidungsanwalt!«

Auf einer ostfriesischen Baustelle. Der Chef ruft seine Bauarbeiter zusammen und meint: »Jungs, wir müssen einen zwölf Meter hohen Turm bauen. Ich schlage vor, wir packen es gleich an!«

Alle gehen frohen Mutes an die Arbeit. Nach drei Tagen ist der Turm schon acht Meter hoch, da stürzt der Chef plötzlich auf die Baustelle: »Verdammt – sofort aufhören! Ich habe den Bauplan verkehrt herum gehalten – das sollte ein Brunnen werden!«

Kurti trifft seinen alten Freund Furti nach langer Zeit mal wieder.

»Mensch, was ist dir denn passiert? Du läufst ja auf Krücken!«, fragt Kurti.

»Ich hatte einen Autounfall!«, antwortet Furti.

»Und ohne Krücken geht's wohl nicht?«, meint Kurti mitleidig.

Darauf Furti: »Doch, schon, meint mein Arzt, aber mein Anwalt sagt nein!«

Der Buchhalter zu seinem Kunden: »Für das größte Chaos sorgt der Computer, die übrigen Fehler machen wir immer noch von Hand.«

Malerlehrling Otto soll bei einem neu gebauten Autobahnabschnitt den Mittelstreifen malen. Am ersten Tag schafft er drei Kilometer, am zweiten Tag einen Kilometer. Am dritten bringt er es nur noch auf einen halben Kilometer und am vierten Tag malt er nur noch hundert Meter.

»Otto, du wirst jeden Tag langsamer!«, schimpft der Meister. »Was ist denn los mit dir?«

Antwortet Otto: »Ich gebe mir immer noch Mühe, Meister. Aber der Weg zum Farbeholen wird jeden Tag länger!«

Nachdem zwei Autos auf einer Kreuzung ineinandergekracht sind, steigen beide Fahrer aus. Meint der eine: »Da haben Sie Glück gehabt, ich bin Arzt!«

Meint der andere: »Da haben Sie Pech gehabt, ich bin Anwalt!«

Der Architekt besichtigt den Fortgang der Bauarbeiten und sieht den Zimmermann bei der Arbeit: »Zimmermann ist ein wunderschöner Beruf, ich wollte, ich wäre auch Zimmermann!«

Darauf der Zimmermann zum Architekten: »Dann hätten Sie in der Schule eben besser aufpassen sollen!«

Fragt der Chef den Bewerber: »Wie heißen Sie?«
»Heinrich Feierabend!«
»Bedaure, aber ich kann Sie nicht einstellen. Denn wenn ich Sie rufe, dann geht ja der ganze Betrieb nach Hause!«

Welches ist die Lieblingsserie von Lehrern?
Bitte melde dich!

Malermeister Klenze will mit seiner Frau einen schönen Abend im Restaurant verbringen. Der Tisch ist für 20 Uhr reserviert. Ein paar Minuten vor 20 Uhr ist seine Frau immer noch im Bad. Da schickt Malermeister Klenze seinen Sohn nach oben, er soll schauen, wie weit die Mutter ist. Der Bub geht nach oben und brüllt dann: »Die Mama schminkt sich. Mit dem Unterputz ist sie schon fertig, jetzt macht sie gerade den ersten Anstrich!«

Drei Handwerker, die sehr stolz auf ihren jeweiligen Beruf sind, geben voreinander an.
Der Maurer sagt: »Ich habe den ältesten Beruf, wir Maurer haben schon die Pyramiden in Ägypten gebaut!«
Antwortet der Gärtner: »Das ist noch gar nichts. Mein Beruf ist noch älter, wir Gärtner haben schon den Garten Eden gepflanzt!«
Darauf der Elektriker: »Ach was! Elektriker ist der älteste

Beruf überhaupt: Als Gott sprach ›Es werde Licht‹, hatten wir schon vorher die Leitungen verlegt!«

Nachdem er das Rundschreiben seiner Sekretärin diktiert hat, überlegt der Chef kurz und fügt dann hinzu: »So, jetzt schreiben Sie vorne noch ›Streng vertraulich!‹ drauf, dann liest es auch jeder!«

Im Baumarkt fragt ein Kunde den Verkäufer: »Ihre Bohrmaschinen sind ja echt günstig! Verdienen Sie denn überhaupt was daran?«
Darauf der Verkäufer: »Ja, aber erst an der Reparatur!«

Die Grenze zwischen Himmel und Hölle wurde von randalierenden Rowdys beschädigt. Da schickt der Teufel folgendes Telegramm an die Engel: »Unsere Rechtsanwälte hier unten meinen, dass der Himmel die Reparatur vornehmen muss.«
Nach ein paar Tagen kommt das Antwortschreiben von den Engeln: »Uns bleibt wohl nichts anderes übrig. Wir können hier oben nämlich keinen Rechtsanwalt finden …«

Auf ihrem täglichen Spaziergang kommen Erwin und Horst an einer Baustelle vorbei. Plötzlich bleibt Erwin stehen und schaut angestrengt auf das Gerüst.

»Du«, fragt er, »das Weiße da auf dem Gerüst, sind das Maurer oder Tauben?«

Darauf Horst: »Das müssen Tauben sein, sie bewegen sich nämlich!«

Scheidungsanwalt Hagedorn zu seiner neuen Mandantin: »Sie wollen sich also scheiden lassen, Frau Eberlein. Und wie soll es durchgeführt werden?«

Darauf die Mandantin: »Ich wollte mich sehr großzügig zeigen, Herrn Rechtsanwalt. Ich übernehme die Schuld und mein Mann die Schulden!«

Bei der Bundeswehr trainiert der Feldwebel mit seinen neuen Rekruten.

»Rechts um!«, brüllt er sie an. Dann schaut er sich um, alles hat gut geklappt, bis auf …

»Das gilt auch für den Kleinen da hinten mit der roten Mütze!«, schreit er.

Darauf ein Rekrut schüchtern: »Das ist ein Hydrant.«

»Das ist mir scheißegal!«, schreit der Feldwebel. »Für Akademiker gibt's keine Extrawurst beim Bund!«

Ein Manager kommt zum Arzt. Nach ausführlicher Untersuchung stellt der Arzt fest, dass der Mann total gestresst ist.

»Sie sollten mal ein paar Wochen ausspannen«, rät er ihm. »Der Laden wird doch auch sicherlich ohne Sie weiterlaufen.«

Darauf der Manager: »Ja sicher, aber das soll doch keiner merken!«

Der gestrenge Chef ruft sich den neuen Buchhalter ins Büro und nimmt ihn in die Mangel: »Herr Michels, es gibt zwei Dinge, auf die ich wirklich großen Wert lege: Das eine ist Sauberkeit. Haben Sie sich auch die Füße an der Matte vor der Tür abgetreten?«

»Ja, natürlich!«, antwortet der neue Buchhalter.

»Sehr gut. Außerdem lege ich großen Wert auf Ehrlichkeit – und da draußen liegt gar keine Fußmatte!«

Müller zu seinem Chef: »Dürfte ich heute etwas früher Feierabend machen? Meine Frau möchte mit mir ein Geschenk für ihre Mutter besorgen.«

»Das kommt überhaupt nicht in Frage, Müller!« antwortet der Chef.

Darauf Müller: »Oh, vielen Dank, Chef. Ich wusste, dass Sie mich nicht im Stich lassen!«

Der Chirurg Dr. Müller lässt sich seine Garageneinfahrt neu pflastern. Als die Arbeiter fertig sind, streuen sie Sand auf die neu verlegten Steine, um die Fugen auszufüllen. Dr. Müller beobachtet sie dabei und meint dann spöttisch: »Jetzt wird der Pfusch also mit Sand überdeckt, damit ihn keiner sieht.«

Darauf antwortet einer der Arbeiter: »Ja, das ist die Gemeinsamkeit unserer Berufe!«

Kurz vor Feierabend fragt ein Maurer den anderen: »Gestern haben sie in den Nachrichten wieder von einem drohenden Atomkrieg berichtet. Weißt du eigentlich, worin der Unterschied zwischen einer normalen Atombombe und einer Wasserstoffbombe besteht?«

Der andere Maurer überlegt kurz und erklärt dann: »Pass auf: Wenn eine normale Atombombe explodiert, bin ich weg, bist du weg und die Mischmaschine ist auch weg. Bei einer Wasserstoffbombe bin ich weg, bist du weg, aber die Mischmaschine ist noch da.«

Am nächsten Tag vor Arbeitsbeginn meint der erste Maurer: »Du, es muss noch eine andere Bombe geben.«

»Wie kommste denn jetzt darauf?«, fragt der andere.

»Na ja schau mal, du bist da, ich bin da, aber die Mischmaschine ist weg!«

Der Teufel erscheint einem Rechtsanwalt und schlägt ihm folgendes Geschäft vor: »Ich mache dich zum erfolgreichsten Anwalt der ganzen Stadt. Du wirst einen Haufen Geld verdienen, aber trotzdem noch genug Zeit haben, um viermal im Jahr auf den Malediven Urlaub zu machen. Alle Kollegen werden dich beneiden, die Mandanten und Richter werden dich respektieren. Du wirst außerdem noch Ehrendoktor der Universität.« Der Teufel zögert kurz und fügt dann hinzu: »Als Gegenleistung sollen aber die Seelen deiner Eltern, deiner Frau und deiner Kinder auf ewig in der Hölle schmoren.«

Der Anwalt überlegt kurz und fragt dann: »Und wo ist der Haken an der Sache?«

Unterhalten sich zwei Unternehmer: »Ich habe jetzt einen Friseur als Buchhalter eingestellt!«

»Kann der denn überhaupt deine Bücher führen?«

»Wieso führen? Mann, der soll sie frisieren!«

Kommt ein Mann zum Metzger: »Ick hätte jerne 'ne Bulette.«

Darauf der Metzger: »Nach Ihrem Akzent zu urteilen, sind Sie Berliner!«

Antwortet der Kunde: »Und nach Ihren Buletten zu urteilen, sind Sie Bäcker!«

Kommt ein Fakir in eine Eisenwarenhandlung: »Ich hätte gerne 1000 Nägel.«

»Wofür brauchen Sie denn 1000 Nägel?«, fragt der Verkäufer.

Antwortet der Fakir: »Ich muss mein Bett neu beziehen.«

Ein paar Kollegen stehen auf dem Flur zusammen, als plötzlich der Chef sich dazugesellt. Er will sich bei seinen Angestellten beliebt machen und erzählt einen Witz. Alle lachen – bis auf Herrn Meier. Da fragt der Chef: »Mensch, Meier, Sie haben wohl keinen Humor?«

Darauf Herr Meier: »Doch, doch, aber ich habe zum nächsten Ersten gekündigt!«

»Na, wie lief deine Scheidung?«

»Ich habe die Villa behalten und mein Ex-Mann unsere Jacht, das Auto und den Hund.«

»Und euer Vermögen?«

»Das teilen sich jetzt die Anwälte.«

In Shanghai wird ein neuer Wolkenkratzer gebaut. Drei Bauarbeiter sitzen gerade auf einem Gerüst, als sie plötzlich von unten eine Sirene hören. Da meint der eine Bauarbeiter zu den beiden anderen: »Der Notarzt ist heute aber ganz schön schnell – nur zwei Minuten.«

»Wie kommst du denn darauf?«, fragen die beiden anderen.
Antwortet der Bauarbeiter: »Weil mir vor zwei Minuten mein Hammer hinuntergefallen ist!«

Kalle kommt in den Supermarkt und fragt den Chef: »Ich habe gehört, Sie suchen einen neuen Kassierer?«
Darauf der Chef: »Ja, das stimmt, und den alten übrigens auch noch.«

Der Tischlermeister zu seinem Azubi: »Um Gottes willen, stell dich doch an der Kreissäge nicht so dumm an! Was alles passieren kann, wenn du nicht aufpasst, das kannst du dir doch an deinen acht Fingern abzählen!«

Vor der Grundschule unterhalten sich zwei Mütter. »Mein Sohn möchte später mal Astronaut werden!«, sagt die eine. »Und was möchte deiner mal werden?«
»Ach weißt du, mein Sohn streitet sich ständig, mischt sich immer in die Angelegenheiten anderer Leute ein und will immer recht haben – ich glaube, er wird mal Anwalt!«

Der Friseur zu seinem Kunden: »Ihr Haar wird langsam grau!«
Darauf der Kunde mürrisch: »Kein Wunder, bei Ihrem Arbeitstempo!«

Der Chef ruft den zerstreuten Herrn Müller zu sich.
»Herr Müller, Sie sind diese Woche schon zum vierten Mal zu spät gekommen. Welche Schlussfolgerung ziehen Sie daraus?«
Darauf Herr Müller verunsichert: »Dass heute Donnerstag ist?«

Was macht man als Erstes bei einem Maurer, der vom Gerüst gefallen ist?
Hände aus der Hosentasche, damit es wie ein Arbeitsunfall aussieht.

»Sie wären gut als Geheimagent geeignet«, sagt der Chef zu seinem Angestellten.
»Warum denn das?«
»Weil Sie keine Spuren hinterlassen!«

Der junge Anwalt Rudi hat gerade eine Kanzlei eröffnet und ist deshalb sehr darauf bedacht, potenziellen Kunden zu imponieren. Als er seinen ersten Kunden durch die Tür erspäht, nimmt er den Telefonhörer und spricht: »Es tut mir leid, aber ich bin so enorm beschäftigt, dass es mir für mindestens einen Monat nicht möglich sein wird, Ihren Fall zu begutachten. Ich werde mich wieder melden.«
Dann legt er den Hörer auf und wendet sich seinem Besucher zu: »Nun, was kann ich für Sie tun?«
»Nichts«, antwortete der Besucher, »ich bin nur gekommen, um Ihr Telefon anzuschließen.«

Während der Mittagspause läutet das Telefon von Herbert. Wütend geht er ran und brüllt: »Welches Arschloch stört mich in meiner Mittagspause?!«
»Wissen Sie eigentlich, wen Sie dran haben?! Hier ist der Direktor!«, brüllt es zurück.
Herbert schluckt und erwidert nach einer kurzen Pause: »Und wissen Sie eigentlich, wen Sie dran haben?«
»Nein!«, antwortet der Direktor verdutzt.
»Na, dann habe ich ja noch mal Glück gehabt!«, sagt Herbert und legt auf.

Warum kommt ein Handwerker nicht in den Himmel?
Weil er die Anfahrt extra berechnet!

Zimmermann Faulhuber schickt seinen neuen Auszubildenden los: »Bring mir für den Holzbalken hier ein paar große Holzschrauben.«

Der Azubi verschwindet und kommt nach fünf Minuten mit ratlosem Gesichtsausdruck wieder: »Meister, tut mir leid. Ich hab überall gesucht, aber wir haben keine Holzschrauben mehr. Wir haben nur noch welche aus Metall.«

Maxi kommt von der Kirche nach Hause und fragt seinen Vater: »Der Pfarrer hat erzählt, dass der liebe Gott die Welt in sieben Tagen erschaffen hat. Wie hat er denn das geschafft?«

Darauf antwortet sein Vater: »Tja, mein Sohn, er war eben nicht auf Beamte und Handwerker angewiesen!«

Die 7 Phasen der Projektabwicklung:

1. Phase: Begeisterung
2. Phase: Verwirrung
3. Phase: Ernüchterung
4. Phase: Massenflucht der Verantwortlichen
5. Phase: Suche der Schuldigen
6. Phase: Bestrafung der Unschuldigen
7. Phase: Auszeichnung der Nichtbeteiligten

Treffen sich zwei Anwälte auf der Straße. »Na, wie geht's?«, fragt der eine.
»Gut, ich kann nicht klagen. Und dir?«
»Schlecht, ich kann auch nicht klagen!«

Nach seinem Beurteilungsgespräch kommt Heinz voller Stolz zu seinem Kollegen und berichtet: »Der Chef hat gerade gesagt, ich sei sein bestes Pferd im Stall.«
»Das ist ja kein Wunder«, antwortet sein Kollege, »du machst ja auch den meisten Mist!«

Aufgeregt kommt der junge Stift zu seinem Meister: »Meister, das Haus ist eingestürzt!«
Darauf der Meister: »Ihr Idioten, ich habe euch doch gesagt, dass ihr das Gerüst erst abbauen sollt, wenn die Tapete trocken ist!«

Ein Amerikaner und ein Deutscher wollen um die Wette bauen. Nach vier Wochen schreibt der Amerikaner dem Deutschen ein Fax. Darauf steht: »Nur noch zehn Tage – dann feiern wir Richtfest!«
Daraufhin faxt der Deutsche zurück: »Nur noch zehn Formulare – dann können wir anfangen!«

Im Friseurladen schimpft die Friseurin mit ihrem Auszubildenden: »So geht das nicht, Mike. Deine Fingernägel
sind ja total schmutzig!«
Antwortet der Auszubildende: »Heute war halt noch niemand zum Haarewaschen da!«

☺

Was sagt ein Maurergeselle in der Mittagspause zum Lehr-
ling?
GmBh. Geh mal Bier holen.

☺

»Ist das heute mal wieder eine schreckliche Stimmung im
Büro«, klagt die Sekretärin, »einzig der Telefonhörer ist
gut aufgelegt.«

☺

Frau Möller fragt ihre neue Nachbarin: »Wie gefällt Ihnen
denn Ihr neues Fertighaus?«
»Sehr gut«, antwortet diese. »Seit wir drin wohnen, haben
wir uns noch kein einziges Mal gestritten.«
»Aber wie hängt das denn mit dem Haus zusammen?«,
fragt Frau Möller.
»Ganz einfach: Wir trauen uns nicht, die Türen zuzu-
schlagen!«

☺

Frau Meier kommt zum Bäcker und beschwert sich: »In dem Rosinenkuchen, den ich gestern bei Ihnen gekauft habe, war keine einzige Rosine!«

Darauf der Bäcker: »Na, im Hundekuchen ist ja auch kein Hund!«

Familie Lehmann ist erst vor ein paar Tagen in ihr neues Haus eingezogen. Mit umso größerem Entsetzen stellt Herr Lehmann fest, dass es durch das Dach tropft. Wütend ruft er bei der Baufirma an und fragt: »Ist das jetzt immer so?«

»Nein, Herr Lehmann, kein Grund zur Panik«, antwortet man ihm. »Nur wenn's regnet!«

Susi will ihren Wagen von der Werkstatt abholen. Beim Blick auf die Rechnung fallen ihr fast die Augen raus: »Sagen Sie mal, ist das die Rechnung oder das Angebot, Ihre Werkstatt zu kaufen?!«

»Hat sich dein Chef nicht gewundert, dass du einen guten Job so plötzlich aufgegeben hast?«, fragt Klaus seinen besten Freund Fritz.

»Wohl kaum. Er wusste es ja schon viel früher als ich!«

Zwei Gärtner unterhalten sich. Sagt der eine: »Ich habe gehört, dass es gut für die Pflanzen ist, wenn man freundlich mit ihnen spricht.«

Darauf erwidert der andere: »Gut, dann geh ich jetzt mal nach hinten und beleidige das Unkraut!«

☺

Herr Kollmann bringt seine alte Rostlaube in die Werkstatt.

»Bitte reparieren Sie mir vor allem meine Hupe«, bittet er den Automechaniker inständig.

»Aber um die Bremsen sollten wir uns auch kümmern. Die sind restlos im Eimer!«, antwortet dieser.

Darauf Herr Kollmann: »Was meinen Sie, warum Sie mir die Hupe reparieren sollen?!«

☺

»Ich sehe Sie jetzt fast jeden Nachmittag zu Hause. Haben Sie Urlaub?«, fragt Frau Müller ihren Nachbarn.

Antwortet dieser: »Nein, ich nicht, aber mein Chef!«

☺

Eine Schlange ist aus dem Zoo ausgerissen und streift durch den Wald. Auf einer Lichtung begegnet die Schlange einem Eichhörnchen.

»Was bist du denn?«, fragte die Schlange das Eichhörnchen.

»Na, rate doch mal!«, fordert das Eichhörnchen auf.

Die Schlange betrachtet sich das Eichhörnchen genau, betastet es, überlegt kurz und sagt dann: »Du hast einen sehr weichen, wuscheligen Pelz, kleine Öhrchen, kräftige Beine und einen langen wuscheligen Schwanz. Ich glaube, du bist ein Eichhörnchen!«

»Richtig«, sagt das Eichhörnchen, »jetzt bin ich dran!«

Das Eichhörnchen befühlt die Schlange, überlegt lange und meint dann: »Du bist schuppig, schleimig, hast kleine Augen, du windest dich und kriechst die ganze Zeit, und du hast eine gespaltene Zunge. Ich glaube, du bist ein Anwalt!«

Gaby besichtigt eine Wohnung und fragt den Makler: »Sind die Räume eigentlich sehr hellhörig? Ich habe den Eindruck, dass die Wände so dünn sind.«

»Na ja, es geht so!«, ertönt plötzlich eine Stimme von nebenan.

Ein Handwerker stirbt und landet vor der Himmelspforte. Als Petrus kommt, um ihn abzuholen, beklagt er sich bitterlich: »Warum musste ich so früh sterben? Ich bin doch erst 42!«

Daraufhin schaut Petrus in seinem Buch nach und antwortet dann: »Das mag schon sein. Aber nach den Stunden, die du deinen Kunden berechnet hast, bist du schon 107!«

In der Klosterküche bleibt jede Menge Suppe übrig. Die Oberin schickt eine Schwester mit der Suppe zur Baustelle nebenan, um sie an die Arbeiter zu verteilen. Überlegt die Schwester: »Bevor ich den Arbeitern die Suppe gebe, möchte ich doch wissen, wie es um ihren Glauben steht.« Sie fragt also den ersten Bauarbeiter, der ihr über den Weg läuft: »Entschuldigung, aber kennen Sie Pontius Pilatus?«

Der Bauarbeiter denkt kurz nach und schreit dann nach oben: »Kennt einer von euch den Pontius Pilatus?«

»Warum?«, tönt es zurück.

Ruft der Bauarbeiter zurück: »Seine Alte ist da und bringt ihm das Essen!«

☺

Was ist der Unterschied zwischen einem Anwalt und einem Staranwalt?

Der Anwalt kennt die Gesetze und der Staranwalt die Richter!

☺

Ein Außendienstler, ein Manager und ein Bauarbeiter gehen von einer Fete nach Hause. Da erscheint ihnen plötzlich eine gute Fee und sagt: »Jedem von euch kann ich einen Wunsch erfüllen!«

Der Außendienstler überlegt kurz und sagt: »Ich hab immer solche Rückenschmerzen, ich kann vor Schmerzen kaum arbeiten.« Die Fee tippt ihm kurz auf den Rücken, und schon sind die Schmerzen weg!

Der Manager muss nicht lange nachdenken: »Ich habe immer solche Kopfschmerzen und kann mich überhaupt nicht auf meine Arbeit konzentrieren.« Die Fee tippt ihm kurz an den Kopf, und die Kopfschmerzen sind weg.

Erwartungsvoll schaut sie den Bauarbeiter an, der einen eingegipsten Arm hat: »Deinen gebrochenen Arm kann ich auch sofort heilen.«

Darauf der Bauarbeiter: »Fass mich bloß nicht an, ich bin noch vier Wochen krankgeschrieben!«

Die Top Ten
der letzten Worte

Die letzten Worte des Turmspringers: »Mann, ist das Wasser heute klar!«

Die letzten Worte des Nachtwächters: »Ist da jemand?«

Die letzten Worte des Starkstrommonteurs: »Tausend Mal berührt, tausend Mal ist nix pass…«

Die letzten Worte des Gerichtsvollziehers: »Und ob ich Ihren Revolver beschlagnahmen werde!«

Die letzten Worte eines Polizisten: »Das war's, der hat nur sechs Patronen!«

Die letzten Worte eines Bastlers: »Und das Kabel gehört da rein!«

Die letzten Worte eines Architekten: »Oh, da fällt mir gerade was ein!«

Die letzten Worte des Chemielehrers: »Wer hat die Etiketten dieser beiden Flaschen vertauscht?«

Die letzten Worte des Sternekochs: »Das schmeckt aber komisch.«

Die letzten Worte des Biologen: »Die Schlange kenne ich, die ist nicht giftig.«

Vermischtes

Nachdem der letzte Partygast gegangen ist, seufzt die Ehefrau erleichtert: »Endlich, Herbert, jetzt können wir die Uhren wieder zwei Stunden zurückstellen!«

Ein Rothaariger zu einem Glatzköpfigen: »Na, dir wollte der liebe Gott wohl keine Haare geben!«
Darauf der Glatzkopf: »Doch, schon, aber nur rote, und die wollte ich nicht haben!«

»Jetzt bezahlen Sie schon endlich Ihre Schulden!«
»Ich habe aber immer noch kein Geld!«
»Na gut, aber dann werde ich sofort alle anderen Gläubiger anrufen und denen erzählen, Sie hätten bezahlt!«

»Hör mal, die Feuerwerksraketen, die du mir letzte Woche verkauft hast, funktionieren gar nicht!«
»Das kann gar nicht sein. Ich habe sie doch alle vorher ausprobiert!«

»Hat der alte Lehmann eigentlich viel hinterlassen?«
»Ach, ich glaube nicht. Die Erben reden schließlich noch
miteinander!«

Bauer Josef beschwert sich erzürnt beim Viehhändler:
»Die Sau, die du mir letzte Woche verkauft hast, kann ja
gar nicht richtig laufen!«
Darauf der Viehhändler: »Mensch, hättste halt gleich gesagt, dassde 'ne Rennsau willst!«

Eine alte Dame steht an einer vielbefahrenen Kreuzung,
als Fritzchen vorbeiläuft.
»Junge, könntest du mir bitte über die Straße helfen?«,
fragt sie ihn.
»Aber gerne, wir müssen nur warten, bis die Ampel wieder grün wird«, antwortet Fritzchen.
»Na, dann kann ich auch alleine gehen!«

»Hast du arme Verwandte?«
»Ja, aber die kenne ich nicht!«
»Und hast du auch reiche Verwandte?«
»Ja, aber die kennen mich nicht!«

Zwei flüchtige Bekannte treffen sich zufällig. Da druckst der eine rum: »Herr Schneider, es ist mir ja sehr unangenehm, aber könnten Sie mir fünfzig Euro leihen?«
»Das tut mir leid, aber ich verleihe aus Prinzip kein Geld. Das verdirbt die Freundschaft.«
»Na, da brauchen Sie sich bei mir aber keine Gedanken zu machen – so gut befreundet sind wir ja nicht!«

Was ist der Unterschied zwischen einem Alkoholiker und einem Computer?
Es gibt keinen: Beide stürzen regelmäßig ab!

»So! Das wäre geschafft!«, sagt Peter, als er nach langer Suche einen Parkplatz gefunden hat. »Jetzt müssen wir nur noch herausfinden, in welcher Stadt wir sind!«

Omi Frieda sitzt in der S-Bahn. Ihr gegenüber sitzt ein Jugendlicher, der unablässig Kaugummi kaut. Oma Frieda schaut ihm lange mit angestrengtem Blick zu und meint dann: »Entschuldige bitte, aber wenn du mir was sagen willst, musst du lauter sprechen – ich bin nämlich schwerhörig!«

Zwei Damen vom Land unternehmen einen Ausflug in die große Stadt. Beim Bummeln bleibt die eine plötzlich vor einem Schaufenster stehen und meint zu ihrer Begleitung: »Mensch, Gerda! Schau dir mal die Preise an – eine Hose zehn Euro, ein Mantel fünfzehn Euro und ein Kostüm fünfundzwanzig Euro. Lass uns gleich mal reinschauen!«

Antwortet die andere: »Aber Hilde, das ist doch eine Reinigung!«

Frau Schneider zu ihrer Nachbarin: »Bald werden wir in einer wunderschönen Gegend wohnen, die Kinder können dann frei auf der Straße spielen, keine Ruhestörung mehr – einfach herrlich.«

»Ach, ziehen Sie wohl auch weg von hier?«, fragt die Nachbarin nach.

»Nein, wir bleiben hier!«

Zwei katholische Priester unterhalten sich: »Ich glaube, wir werden es nicht mehr erleben, dass das Zölibat abgeschafft wird«, meint der eine.

»Wir nicht«, antwortet der andere, »aber vielleicht unsere Kinder!«

Früh am Morgen: Es ist bitterkalt und es regnet in Strö-
men. Ein Mann kommt in eine Bäckerei und verlangt zwei
Brötchen: »Eines für Jutta und eines für mich!«
Fragt der Bäcker: »Jutta ist wohl - Ihre Frau?«
Darauf der Mann: »Natürlich, meine Mutter hätte mich
bei diesem Wetter nie auf die Straße geschickt!«

Die neugierige kleine Bärbel fragt ihre unverheiratete
Tante Susanne: »Du, Tante Susanne? Hat dich noch nie
einer gefragt, ob du ihn heiraten willst?«
Darauf Tante Susanne verbittert: »Doch, schon. Einmal –
am Telefon.«
»Und?«
»Der Anrufer hatte sich verwählt!«

Wie beendet ein Computerspezialist seine Beziehung?
Strg Alte Entf.

»Was hast du denn da für 'ne Beule auf dem Kopf?«
»Ich habe mich gestern mit meinem Bruder gestritten,
und da hat er mich mit Tomaten beworfen!«
»Aber Tomaten sind doch ganz weich.«
»Die Tomaten schon, aber die Dose ist hart wie Stein!«

»Sag mal, spinnst du, Herbert?«, fragt Macho-Kurt seinen Freund. »Wieso hilfst du denn deiner Frau beim Abwasch?!«

»Na, wenn ich ihr beim Abwasch helfe, dann hilft sie mir auch bei der großen Wäsche!«

☺

Auf einem Klassentreffen: »Mensch, Erwin! Dich hab ich ja schon ewig nicht mehr gesehen. Ich hab gehört, du bist jetzt Millionär. Wie hast du denn das geschafft?«

»Durch das Kasino.«

»Hast du wohl so viel gewonnen?«

»Nein, ich habe neben dem Kasino ein Leihhaus eröffnet!«

☺

»Guten Tag, ich hätte gerne ein Suppenhuhn.«

»Ein deutsches oder ein polnisches?«

»Das ist egal. Schließlich will ich es essen und mich nicht mit ihm unterhalten!«

☺

Warum sind glatzköpfige Männer besonders friedfertig? Weil sie sich mit niemandem in die Haare kriegen können.

☺

Kurt erzählt vom Gemeindefest: »Zuerst gab es einen schönen Gottesdienst. Dann hat ein Chor gesungen, und danach wurde Kaffee und Kuchen aufgetischt. Und zum Schluss wurde ein Körbchen mit Geld herumgereicht. Und da hab ich mir dann auch noch mal fünf Euro herausgenommen!«

Die Intelligenz läuft dir hinterher – leider bist du schneller!

Frau Wagner berichtet ihrer Nachbarin: »Gestern habe ich im Tierheim für meine Tochter eine ganz liebe Katze bekommen.«
Darauf die Nachbarin: »Das war wirklich ein guter Tausch!«

Horst geht zur Kur. In der Kurklinik wird bei Tisch nicht über seine Beschwerden gesprochen. Horst weiß das aber noch nicht und fragt seinen Tischnachbarn im Speisesaal: »Wie wirkt bei Ihnen denn das Heilwasser?«
Darauf zischt dieser: »Psst.«
Horst nickt und flüstert zurück: »Bei mir auch!«

Biggi schreibt aus dem Internat an ihre Eltern: »Liebe Mama, lieber Papa, mir geht es gut. Macht euch keine Sorgen. Ich habe sogar zugenommen. Wenn die Personenwaage am Hauptbahnhof stimmt, dann wiege ich nackt jetzt genau neunundvierzig Kilo. Alles Liebe, Eure Biggi.«

Gespräch unter zwei Freunden: »Ich habe ein Partnerschaftsinserat aufgegeben: Wer bringt Licht und Wärme in mein Leben?«
»Und hat jemand geschrieben?«
»Zwei, das Elektrizitätswerk und eine Heizungsfirma ...«

Während ihrer Mittagspause studiert Erna im Büro ihr Tageshoroskop. Plötzlich kommt eine Kollegin vorbei, sieht das Horoskop und meint kopfschüttelnd: »Pah, also ich halte Horoskope für den größten Unsinn – du weißt doch, wie skeptisch wir Skorpione sind.«

Ehepaar Schneider sitzt im Wirtshaus. Herr Schneider starrt die ganze Zeit nervös zur Tür.
»Was ist denn mit dir los? Wartest du auf jemanden?«, fragt seine Frau nach einer halben Stunde entnervt.
»Nein, ich beobachte nur meinen Mantel, deiner ist schon weg!«

»Na«, sagt Franz augenzwinkernd, »euer Kind ist schon ein bisschen zu früh auf die Welt gekommen, stimmt's?«
»Nee, der Kleine ist schon rechtzeitig gekommen«, antwortet der junge Vater, »aber die Hochzeit war zu spät!«

»Gerd, ist dir ein Farbtopf vom Balkon gefallen?«
»Warum fragst du, Liebling?«
»Weil vor der Tür ein grüner Mann steht, der vor Wut ganz rot ist!«

Hein Blöds erster Tag als Küchenhilfe.
»Kannst du bitte schnell den Salzstreuer auffüllen?«, fragt ihn der Chef. Als Hein Blöd eine Stunde später immer noch nicht zurück ist, sucht ihn der Chef und findet ihn völlig aufgelöst vor dem Salzstreuer.
»Tut mir leid, Chef«, sagt Hein Blöd traurig, »ich schaff's einfach nicht, das Zeug durch die Löcher zu stopfen!«

Treffen sich zwei Zechbrüder. Sagt der eine zum anderen:
»Mensch, letzte Woche habe ich beim Rennen hundert Euro verloren!«
Darauf der andere: »Selber schuld. Was rennste denn auch so?«

Zum 90. Geburtstag bekommt Opa Karli eine Menge Besuch. Am nächsten Tag berichtet er, wer denn alles da war: »Der Bürgermeister hat vorbeigeschaut, der Gesangsverein auch, später noch der Kegelclub und der Rentnerverein. Und dann ganz spät am Abend kam sogar noch die Polizei!«

Die Top Ten der
dämlichsten Bauernweisheiten

Fällt der Bauer tot vom Traktor, stand in der Nähe ein Reaktor.

Geht die Bäuerin in die Breite, sucht der Bauer schnell das Weite.

Haben die Kühe nix zu fressen, hat der Bauer sie wohl vergessen.

Hat der Bauer Lust auf Schinken, fängt die Sau an zu hinken.

Fährt der Bauer raus zum Jauchen, wird er nachts ein Deo brauchen.

Ist der Sommer warm und trocken, braucht der Bauer keine Socken.

☺

Ist der Bauer völlig blank, gehört sein Hof wohl bald der Bank.

☺

Raucht der Knecht im Stall sein Hasch, lallt die Kuh: »Wasch isch'n dasch?«

☺

Kräht der Bauer auf dem Mist, hat der Hahn sich wohl verpisst.

☺

Wenn der Bauer in die Jauche fliegt, der Ochse sich vor Lachen biegt.

Nonsens, Schwachsinn
und anderer Quatsch

Laufen zwei Sandkörner durch die Wüste. Da flüstert das eine dem anderen zu: »Du, dreh dich nicht um, aber ich glaube, wir werden verfolgt!«

Sitzen zwei Pferde im Keller und stricken Spinat. Plötzlich öffnet sich die Tür und ein Schraubenzieher kommt herein, geht die Wand hoch, an der Decke entlang quer durchs Zimmer, an der anderen Wand wieder herunter und verdrückt sich durch die andere Tür.
Sagt das eine Pferd zum anderen: »Hast du das gesehen?«
Antwortet das andere: »Ja. Der grüßt nie!«

»Let's fetz!«, sprach der Frosch und sprang in den Ventilator!

Was ist durchsichtig und riecht nach Möhren?
Ein Kaninchenfurz.

Ein Häschen an der Tankstelle. Es geht zur Zapfsäule und fragt: »Hörttu mich?«
Natürlich kommt von der Zapfsäule keine Antwort. Darauf das Häschen genervt: »Mensch, muttu Finger aus dem Ohr nehmen!«

Was steht auf dem Herd und keiner darf es wissen?
Topf Secret.

Zwei Frösche sitzen auf einem Baum und philosophieren gerade über den Sinn des Lebens. Kommt plötzlich 'ne Birne vorbeigeflogen. Wundert sich einer der Frösche: »Aber Birnen können doch gar nicht fliegen.«
Da hält die Birne kurz an, grinst breit und sagt: »Ätsch, ich bin die Birne Maja!«

Chuck Norris kann durch null teilen.

Was macht ein Maikäfer in der Telefonzelle?
Er isst seinen Erdbeerjoghurt.

Kommt eine Frau zum Bäcker: »Ich hätte gern neunzehn Brötchen.«
Darauf der Bäcker: »Nehmen Sie doch zwanzig.«
Die Frau fragt: »Warum?«
Antwortet der Bäcker: »Dann haben Sie eins mehr.«

Treffen sich zwei Tafeln Schokolade. Fragt die eine die andere: »Was ist denn mit dir los? Warum machst du so ein schmerzverzerrtes Gesicht?«
Antwort: »Ich glaub, ich hab mir eine Rippe gebrochen!«

Ein paar Tage später ist die Tafel Schokolade wieder genesen. Sie treffen sich an einer Treppe, und weil ihnen langweilig ist, rutschen sie zum Spaß das Treppengeländer herunter. Unten angekommen sagt die eine zur anderen: »Mann, das war'n Spaß. Gleich noch mal?«
Darauf die andere: »Ne, lass mal. Mir tun voll die Nüsse weh!«

Kommt ein Häschen zur Kosmetikerin und fragt: »Hattu Falten?«
Darauf die Kosmetikerin leicht beschämt: »Ja.«
Antwortet das Häschen: »Muttu bügeln!«

Spielen zwei Kühe im Schwimmbad Tischtennis. Kommt ein Polizist vorbei und sagt: »Hey ihr zwei! Hier ist Rauchen verboten!«
Darauf die eine Kuh: »Aber wir haben doch Gummistiefel an!«

☺

Eine Stecknadel und eine Nähnadel gehen spazieren.
Sagt die Stecknadel zur Nähnadel: »Du, soll ich dir mal einen politischen Witz erzählen?«
Darauf die Nähnadel: »Psst, pass auf! Dahinten steht eine Sicherheitsnadel!«

☺

Was ist ein Keks im Schatten?
Ein schattiges Plätzchen!

☺

Gehen zwei Bekloppte durch die Wüste Gobi. Sagt der eine Bekloppte zum anderen: »He, jetzt will ich aber auch mal in der Mitte gehen!«

☺

Guckt ein Wienerle in den Spiegel und kämmt sich die Haare.

☺

Laufen die zwei Bekloppten weiter durch die Wüste Gobi. Plötzlich setzt sich der eine in den Sand und sagt: »Ich mach jetzt Pause!«
Darauf der andere: »He, mach mal Platz, ich will auch im Sand sitzen!«

Ein Kuli und ein Bleistift wandern auf die Zugspitze. Plötzlich meint der Kuli: »Oh Gott! Schau mal, da hinten liegt ein toter Edding!«
Darauf der Bleistift: »Mensch, checkst du's nicht? Der markiert doch nur!«

Welches Tier kann addieren?
Der Oktoplus.

Treffen sich zwei Rosinen. Fragt die eine die andere: »Warum hast du denn einen Helm auf?«
»Ach, ich muss heute noch in den Stollen!«

Was ist blau und stinkt?
Schlumpfenkacke.

Treffen sich zwei Bazillen. Meint die eine zur anderen: »Ich habe dich ja schon ewig nicht mehr gesehen. Warst du krank?«

»Ja, ich hatte Penizillin.«

☺

Was ist schlimmer als ein angebissener Apfel mit einem Wurm drin?
Ein angebissener Apfel mit einem halben Wurm drin!

☺

Was ist grün und rennt durch den Wald?
Ein Rudel Gurken.

☺

Was ist durchsichtig und rennt hinterher?
Das Gurkenglas.

☺

Und wo ist der Witz?
Gurken sind gar keine Rudeltiere!

☺

Sitzen drei Blinde beim Pokern. Meint der eine: »Ich will sehen!«

☺

Spazieren zwei Streichhölzer durch den Wald, als ihnen ein Igel über den Weg läuft.

»Mensch!«, sagt das eine Streichholz zum anderen. »Wenn wir gewusst hätten, dass es hier auch einen Bus gibt!«

Zwei Haufen Kacke sitzen in der Ecke und reichen sich gegenseitig einen Joint weiter. Plötzlich kommt ein Dünnschiss um die Ecke gelaufen und fragt: »Hey ihr, darf ich auch mal ziehen?«

Darauf die Kackhaufen: »Ne, lass mal, das ist nur was für Harte!«

Zwei Luftmatratzen fliegen durchs Gewächshaus. Plötzlich schreit die eine: »Achtung, da vorne ist ein Kaktusssss …«

Ein super gelaunter Frosch kommt mit einem breiten Grinsen im Gesicht zum Arzt. Fragt der Arzt: »Wieso sind Sie denn so fröhlich?«

Antwortet der Frosch: »Das liegt wohl am Gras …«

Dieter F. Wackel

300 Witze über die schönste Haarfarbe der Welt

Kommt eine Blondine in die Bücherei ...

... und sagt zum Bibliothekar:
»Letzte Woche habe ich mir ein Buch von Ihnen ausgelie-
hen. Es war das langweiligste, das ich je gelesen habe. Die
Story war schwach und es kamen viel zu viele Personen
vor!«
Der Bibliothekar lächelt und antwortet:
»Oh, Sie müssen die Person sein, die das Telefonbuch mit-
genommen hat ...«

Blondinen, greift zur Haartönung!

Hier kommen die komischsten, heißesten und bösesten
Witze über die wahrscheinlich betörendste Haarfarbe der
Welt. Wer seine Lachmuskeln wieder einmal so richtig
strapazieren will, der kommt hier ganz bestimmt auf seine
Kosten.

Knaur Taschenbuch Verlag

Dieter F. Wackel

300 Witze über Ossis

Eine Banane rennt durch Ost-Berlin ...

*... und eine Horde DDR-Bürger läuft ihr hinterher. Da
läuft der Banane eine Kiwi über den Weg und fragt:
»Warum rennst du so?«*
*Antwortet die Banane: »Komm schnell mit, wenn die uns
kriegen, fressen die uns!« Darauf die Kiwi: »Ich brauche
mich nicht zu fürchten, die kennen mich nicht ...«*

Hier bleibt kein Auge trocken:
Lachen, bis die Mauer kracht. Dieter F. Wackel präsentiert die besten Ossi-Witze aller Zeiten!

Knaur Taschenbuch Verlag

Dieter F. Wackel

300 Witze aus dem Büro-Alltag

Kannst du auch nicht schlafen?

»Müller, warum kommen Sie erst jetzt zur Arbeit?« »Weil Sie gestern gesagt haben, dass ich meine Zeitung zu Hause lesen soll.«

Wer seine Lachmuskeln – und seine Kollegen – einmal wieder so richtig überstrapazieren will, kommt hier voll auf seine Kosten.

Lachen, bis der Betriebsarzt kommt, mit den 300 besten Büro-Witzen von Dieter F. Wackel.

Knaur Taschenbuch Verlag